Venetië

Marjo Visser

KOSMOS-Z&K UITGEVERS, UTRECHT/ANTWERPEN

Kosmos-Z&K Uitgevers stelt alles in het werk om haar reisgidsen zo actueel mogelijk te maken. Ons streven is om de twee jaar een herziene editie van onze gidsen uit te brengen; daartoe werkt een groot team van auteurs voortdurend aan wijzigingen en herzieningen.

Omstandigheden zijn echter zeer veranderlijk. Openingstijden of prijzen worden gewijzigd, wegen worden aangelegd of juist afgesloten. Kosmos-Z&K Uitgevers kan dan ook geen aansprakelijkheid aanvaarden voor eventueel onjuiste of achterhaalde gegevens.

Wij hopen echter dat u er begrip voor kunt hebben dat af en toe informatie enigszins achterloopt bij de werkelijke situatie en wij zouden het zeer waarderen wanneer u geconstateerde veranderingen aan ons wilt doorgeven, zodat wij hiermee rekening kunnen houden bij een volgende druk.
Uw opmerkingen kunt u – zonder postzegel – zenden aan:
Kosmos-Z&K Uitgevers B.V.
t.a.v. Redactie Reisgidsen
Antwoordnummer 8111
3500 VV Utrecht

2e, herziene druk 1999

Tekstverzorging: *de Redactie,* boekverzorgers te Amsterdam
Bewerking paragraaf 'Bezienswaardigheden' in Praktische Informatie: Jaap Deinema

Basislay-out: Dick van Roijen
Omslagontwerp: Teo van Gerwen Design
ISBN 90 215 3266 2
D/1999/0108/006
NUGI 471

Inhoud

Woord vooraf

Venetië speelt een belangrijke rol in een grote hoeveelheid spannende boeken, films en dramatisch getinte commercials. Weinig steden overtreffen haar unieke decor. Geen stad ter wereld heeft haar glorieuze verleden zo goed kunnen conserveren als Venetië. Zij aan zij staan duizenden panden van enkele tot ruim tien eeuwen oud. Hieronder zijn honderden prachtige palazzo's met veel Byzantijnse invloeden. Deze oosters ogende bouwwerken lijken als een fata morgana op te rijzen uit het water van majestueuze straten waarop alleen gevaren kan worden. Aan de buitenkant is al duidelijk zichtbaar dat Venetië fortuinen uitgaf aan opdrachten voor kunstenaars en architecten. Veel pracht en praal herinnert aan de tijd toen de kleine stadstaat Venetië het grote Byzantijnse Rijk overheerste en de handel op het Midden-Oosten geheel in handen had.
Het is een stad met vele gezichten. Venetië toont mysterieus tijdens herfstige avonden, maar op zonnige dagen ademt de stad een buitengewoon luchthartige sfeer. Dan wordt begrijpelijk waarom Venetië vroeger een half jaar lang carnaval vierde.
Weinig bezoekers ontgaan de dramatische of lyrische en romantische kanten van de stad. Deze maken grote indruk, omdat u ze van dichtbij ziet. Lopen of varen zijn hier namelijk de enige manieren om zich te verplaatsen. U komt hier niet in de verleiding delen van de stad uitsluitend afstandelijk vanuit een auto te bekijken, want autoverkeer is hier onmogelijk. Volop duidelijk wordt ook hoe intrigerend het gewone leven van de Venetianen is in zo'n stad met uitsluitend waterstraten. Het is een verademing om in dit grootste voetgangersgebied op aarde vakantie te vieren. 'De enige stad die naar menselijke maat is gebouwd,' zei de beroemde architect Le Corbusier.

Venetië: een introductie

Landschap

Venetië is veel groter dan de beroemde museumstad. Bijna de gehele Venetiaanse lagune valt eronder. Bij deze 40 bij 15 km grote waddenzee hoort niet alleen het daaraan grenzende vasteland, maar ook de eilanden en de landtongen die de lagune grotendeels van de zee afschermen, de *lidi*.

De Venetiaanse lagune ontstond door slibafzetting van rivieren, zoals zijtakken van de Po en de Brenta, en daarnaast door de tegenstroming van de zee, die de lidi vormden. Hierdoor ontstond een ondiepe waddenzee. Er stromen nog steeds rivierarmen doorheen. Ze functioneren vanouds als vaargeulen voor de schepen. Een vertakking van de Brenta kronkelt bovendien S-vormig door de stad. Dit is het Canal Grande, het enige kanaal dat stroomt.

Het water van de lagune wordt dagelijks ververst door het getijde dat de zeespiegel met 85 cm verhoogt. De zee stroomt binnen tussen de lidi, bij Porto di Lido, Porto di Malamocco en Porto di Chioggia. De daar vlakbij gelegen dammen moeten voorkomen dat de lagune verzandt. Om deze waterrijke omlijsting van de stad te behouden, verlegden de Venetianen vele eeuwen geleden de loop van de belangrijkste rivieren. Het water van de lagune was voor Venetië uiterst belangrijk, want het betekende veiligheid, omdat het vijanden op een afstand hield. Daarnaast bracht het welvaart via de visserij en de havens.

Het wonen in een lagune had voor de Venetianen niet alleen voordelen. Ze moesten veel problemen overwinnen. Zo was de bodem buitengewoon drassig. Voordat ze ergens konden bouwen, moesten ze een onwaarschijnlijke

hoeveelheid palen de grond in slaan. De Campaniletoren op het San Marcoplein staat op maar liefst 100.000 palen, de Rialtobrug op 120.000 en de Salutekerk op 180.000 palen. Voor de bouw van Venetië zijn indertijd vrijwel alle lariks- en eikenbossen van de gehele provincie Istrië gekapt. Er waren zoveel palen nodig omdat een gewone fundering niet zou volstaan. Het ging feitelijk om het creëren van een deugdelijk alternatief voor het drassige moeras. Boven op de palen werden dan ook roosters bevestigd, die werden dichtgekit met teer. Hier en daar konden deze extra voorzieningen achterwege blijven op de hogere en daarom drogere eilandjes die de stad telt. Het water daartussen baggerde men vanaf de 14e eeuw steeds uit, zodat de kanalen in stand bleven. De lidi, de smalle landtongen bij zee, zijn minder drassig. Zij bezitten bovendien mooie brede zandstranden.
Het landschap van het vasteland van Veneto, de regio waarin Venetië ligt, doet in veel opzichten denken aan dat van Nederland. Het is overwegend vlak en alle beschikbare ruimte is in cultuur gebracht. Vanaf de doorgaande wegen lijkt het saai, vooral vanwege de vele flats en lukraak neergezette fabrieken, maar slaat u kleine weggetjes in, dan ontdekt u mooie verstilde dorpen en stadjes met interessante historische kernen.

Bevolking

Italië telt zo'n 57 miljoen inwoners en is daarmee een dichtbevolkt land. In het noorden wonen aanzienlijk meer Italianen dan in het zuiden. Het noordelijke Veneto, waarin Venetië ligt, is met 235 inwoners per vierkante kilometer een van de dichtst bevolkte steden van het land. De historische stad Venetië telt verhoudingsgewijs weinig inwoners, niet meer dan 80.000. Dit komt omdat in Venetië geen flats staan en veel panden als museum of vakan-

tiehuis fungeren. In het hoogtepunt van het toeristenseizoen zijn er aanzienlijk meer mensen, want jaarlijks bezoeken zo'n 13 miljoen toeristen de stad.
Het aantal inwoners van de museumstad Venetië is de laatste 15 jaar belangrijk afgenomen. Meer dan 40.000 Venetianen verhuisden naar het vasteland, omdat ze geen betaalbare woonruimte vonden in hun stad. In hun plaats verschenen voornamelijk parttimebewoners: veel rijke Italianen van buiten de stad, Amerikanen en Japanners die hier een derde of vierde huis kochten.
De gemeente Venetië telt in totaal zo'n 314.000 inwoners, veel meer dan de historische stad. Dit Venetië is veel groter dan dat uit de toeristenfolders. Het is een gemeente van eilanden met wijken en deelgemeenten met zeer verschillende karakters. Enerzijds horen vele eilanden in de lagune erbij, zoals Murano, Burano, Torcello en schiereilanden zoals het Lido, anderzijds valt bijvoorbeeld ook de industrieplaats Mestre eronder.

De echte Venetiaan Hoe herken je de echte Venetianen te midden van al die Italiaanse toeristen? Venetianen onderscheiden zich graag van de bevolking van het Italiaanse vasteland. Ze besteden onder andere meer aandacht aan hun uiterlijk. Ze lijken bijvoorbeeld altijd net van de kapper vandaan te komen en dragen graag veel sieraden. Verder valt op dat veel echte Venetianen over een klein beetje oosters bloed beschikken, dat zich onder meer uit in de stand van de ogen en de rankheid van hun figuur. Ze zijn ook slanker dan de gemiddelde Italiaan omdat ze veel meer lopen, dagelijks gemiddeld zo'n vier kilometer. In de historische stad kunnen immers geen auto's rijden en veel plaatsen zijn niet goed bereikbaar per boot. Venetianen bezitten meestal ook een gezonde kleur omdat ze veel in de buitenlucht zijn, niet alleen al lopend, maar ook in de grotendeels open stads- en veerboten.
Tussen de Italiaanse en buitenlandse toeristen vallen de

Venetianen eveneens snel op door hun zekere stap in de boten en hun flanerende, maar toch kwieke tred zonder al te veel haast. Het heeft ook geen zin om door alle bochtige stegen en smalle looppaden te snellen, want botsingen zijn dan onvermijdelijk.

Aanpassingsvermogen Venetianen beschikken over een groot aanpassingsvermogen. Toen de overstromingen sinds de jaren zestig steeds ernstiger en frequenter werden, ontruimden diegenen die hier last van hadden simpelweg de kelder en zo nodig ook de benedenverdieping van hun huis. Illustratief voor het aanpassingsvermogen van de Venetianen is ook de wijze waarop ze leven in een stad met straten van water en verder uitsluitend smalle paden van kinderhoofdjes en bruggen met trappen. Met steek- of invalidenkarren of desnoods dubbele kinderwagens bestijgen ze de trappen van bruggen alsof het totaal geen moeite kost. Met het grootste gemak zeulen ze ook boodschappenkarretjes op wieltjes naar boven en naar beneden. Ongelofelijk ook om te zien hoe gemakkelijk en onbezorgd Venetianen in en uit boten springen. Dat geldt ook voor alles wat nog maar net kan lopen, maar zeker nog niet kan zwemmen, zoals peuters.

Taal

De Venetianen spreken graag dialect. Dat is ook voor diegenen die weinig Italiaans verstaan snel te horen. Het is een zachte taal zonder de harde klanken die het gewone Italiaans rijk is. Binnen het dialect lijkt geen plaats te zijn voor drama, maar wel voor deftige en toch vriendelijke nuchterheid. Aan dergelijke eigenschappen dankt de stad voor een belangrijk deel haar vroegere succes binnen de handel. Nog steeds is deze nuchtere, aristocratische en zelfbewuste *state of mind* er duidelijk voelbaar.

Wie het gewone Italiaans machtig is, kan zich goed redden in de stad, want iedereen verstaat het op zijn minst. Daarnaast begrijpt men een paar woorden of zinnen Frans, Duits of Engels. Vrijwel alle Venetianen zijn tenslotte opgegroeid met toeristen.

In Venetië is het spreken van dialect niet gebonden aan rangen of standen. Het heeft status. Eeuwenlang was de taal van Venetië zelfs toonaangevend voor Italië. In de Middeleeuwen was Venetië hard op weg om de graadmeter voor het beschaafd Italiaans te worden. De ambassadeurs van de stadstaat stelden hun rapporten op in de taal van Venetië. Ook de beroemde toneelschrijver Carlo Goldoni schreef daarin in de 18e eeuw. De taal verloor geleidelijk aan haar positie met de teloorgang van de macht van de stadstaat. Het Florentijns-Toscaans werd de standaard voor de welsprekende Italiaan. Maar het Venetiaans bleef behouden door de mondelinge overlevering. Momenteel is het in een groot deel van Italië in adellijke kringen chic om dit dialect te spreken.

Flora en fauna

Zee- en rivierwater ontmoeten elkaar in de Venetiaanse lagune. De combinatie hiervan, brak water, staat garant voor een rijke en gevarieerde fauna, althans als de vervuiling geen roet in het water gooit. Wanneer te veel fosfaten worden geloosd tijdens warm en windstil weer, dan volgt een algenexplosie. De zee krijgt snel het uiterlijk van groentesoep en dat blijft lange tijd zo, omdat de natuurlijke vijanden van de algen aan kracht hebben ingeboet door diezelfde vervuiling. Die groene algendeken op het water oogt niet alleen onfris, maar tevens leiden de algen tot een gebrek aan zuurstof in het water. Dit laatste is funest voor het leven in de lagune. Soorten verdwijnen of worden zeer zeldzaam, ook vissoorten die geschikt zijn

voor de consumptie. Het algenprobleem houdt internationale wetenschappers al jaren bezig.
In de lagune leven zeebaars, paling, tong, sardines en ansjovis en mosselen, oesters, krabben en garnalen. Verder komen hier dezelfde vogels voor als in de rest van Italië. De soortenrijkdom is opmerkelijk groot, want er is zowel zout als zoet water.
Typerend voor Venetië is verder dat de moerassige delen van de lagune in de late nazomer bedekt zijn met bloemen van de wilde aster en de zeelavendel.

Geschiedenis

De naam 'Venezia' bestaat al sinds de 1e eeuw v.C. De Romeinen bedachten die voor een van de provincies van hun rijk. Deze was vele malen groter dan de huidige regio Veneto; ook Friuli en Trentino hoorden erbij, dus het omvatte een belangrijk deel van Noordoost-Italië.
Het grondgebied van de huidige stad Venetië werd pas bewoond in de loop van de 6e eeuw. Toen arriveerde een belangrijk deel van de bevolking van het vasteland van de huidige regio Veneto. Ze streken niet van harte neer op de moerassige eilanden. Het was de enige plaats waar ze veilig waren voor de Longobarden, barbaren uit het noorden, die het West-Romeinse Rijk ten val hadden gebracht. De meeste historici menen dat de inwoners van Veneto Venetië hebben gesticht. Een enkeling beweert echter dat er in de eerste eeuwen voor Christus al een florerende havenstad bestond. Romeinse resten die dit bewijzen, zijn echter nooit gevonden.
De meeste historici geloven dat Venetië aanvankelijk bestond uit houten hutten langs kanalen, overspannen door simpele houten bruggen zonder treden, zodat ook de dieren konden oversteken. Landbouw en veeteelt vormden destijds belangrijke middelen van bestaan. Daarnaast

hielden de bewoners zich bezig met handel in zout en hout.

Eind 7e eeuw kreeg Venetië haar eerste doge. Deze regent ontving zijn orders rechtstreeks uit Constantinopel, hoofdstad van het Oost-Romeinse Rijk, beter bekend als Byzantium. In feite waren de stad en omgeving daar een provincie van. De Venetianen hadden daar tot op zekere hoogte vrede mee, want het voorkwam dat de Franken, die het vasteland bezetten, konden binnendringen.

Langzaam maar zeker wist Venetië zich te onttrekken aan de macht van Byzantium. Daarom kreeg het behoefte aan een eigen politiek centrum. Wat het politieke bewustzijn duidelijk versterkte, was de roof van de botten van de heilige Marcus uit Alexandrië. Dit was toen een belangrijke stad in het Byzantijnse Rijk. De twee Venetiaanse kooplieden die de stoffelijke resten in 829 te pakken kregen, smokkelden ze listig het land uit door ze te verstoppen onder een lading varkensvlees. De douaniers, overwegend moslims, besloten de bakken met onrein vlees niet te onderzoeken. In Venetië ziet men deze botten nog steeds als zo ongeveer de belangrijkste buit die de stad ooit heeft binnengehaald. Het symbool van de heilige Marcus, de gevleugelde leeuw, werd ook het symbool van de stad. De botten werden ondergebracht in de kerk, in het centrum van de stad, die meteen San Marcokerk werd gedoopt. Dezelfde naamswijziging onderging het nabijgelegen plein.

Handel In de 10e eeuw zetten de eerste Venetiaanse schepen koers richting het Midden-Oosten om luxeartikelen te kopen, die zeer gewild waren in de Italiaanse steden op het vasteland. Daarnaast handelden de Venetianen in hout en slaven. Maar Venetië werd pas echt een welvarende stad nadat het haar gelukt was om de Dalmatische piraten te verslaan in het jaar 1000. Daarmee ruimde ze de sta-in-de-weg op voor grootscheepse handel met het Midden- en Verre Oosten. Echt succesvol werd de stad-

staat nadat ze besloot om voor zichzelf de grootste oorlogs- en koopvaardijvloot ter wereld te bouwen. In hoog tempo rolde het ene na het andere schip van de helling van het Arsenaal, in die tijd de grootste en modernste scheepswerf ter wereld. Al snel overtrof het aantal schepen van de Venetiaanse vloot die van andere landen. Dit bestendigde niet alleen haar machtspositie, maar zorgde er ook voor dat Venetië in de 15e eeuw de rijkste staat ter wereld kon worden. Een belangrijke bijdrage daaraan leverden de kruistochten. Venetië zorgde voor het vervoer en de bevoorrading van het grootste deel van de kruisvaarders. Het lukte het stadje om een leger van 30.000 manschappen te vervoeren, iets wat geen enkel ander land kon. Daarom vroeg Venetië extreem hoge bedragen voor haar service.
De eerste overtochten betaalden de kruisvaarders netjes op tijd. Daarna stuurden de Venetianen vergeefs aanmaningen. Ze besloten daarom beslag te leggen op tal van bezittingen van de kruisvaarders. Daarbij stelden de Venetianen de heilige strijders voor de keus om óf berooid en onverrichter zake naar huis te gaan, óf om alles volgens plan te laten verlopen, maar dan een aantal gebieden voor Venetië te veroveren en te koloniseren. Deze militaire actie betrof niet alleen gemakkelijk in te nemen doelen, zoals Kreta, maar ook Constantinopel, de trotse hoofdstad van het Byzantijnse Rijk. Toch kozen de kruisvaarders de optie ten strijde te trekken voor Venetië en zo lukte het de kleine stadstaat om een derde deel van Byzantium te veroveren. De heilige strijders gingen zelfs zover dat ze bereid waren om de rijkdommen van Constantinopel voor Venetië te plunderen. Pas toen zij het gestolen Byzantijnse goud en de prachtige mozaïeken netjes bij de San Marcokerk in de stadstaat afleverden, was Venetië bereid het hele leger kruisvaarders te vervoeren. Door Venetië haar zin te geven met de verovering van Constantinopel, gooiden de kruisvaarders hun eigen gla-

zen in. Hun belegering van de stad leverde een belangrijke bijdrage aan de val van het Byzantijnse Rijk, waardoor de Turken vrij spel kregen. En dat was nu juist wat de kruisvaarders wilden voorkomen.

Ontdekkingsreizigers In 1261 wist Byzantium een groot deel van zijn grondgebied terug te veroveren, ook van het territorium van Venetië in het Middellandse-Zeegebied. Toch verloren de gouden Venetiaanse tijden maar weinig glans, want de Venetianen waren altijd nog handig genoeg om nieuwe markten te veroveren voor producten uit het Midden- en Verre Oosten.
Venetië kende in die tijd een groot aantal uiterst inventieve ontdekkings-handelsreizigers. De bekendste was Marco Polo, die China en Mongolië bezocht en Chinese noedels in Italië introduceerde. Later zouden deze grove slierten zich ontwikkelen tot het Italiaanse volksgerecht nummer 1: de spaghetti en andere pastasoorten. Dat Marco Polo boeken heeft achtergelaten, hangt samen met zijn gevangenneming in 1298, tijdens de zeeslag van Curzola. In de gevangenis vond hij eindelijk de tijd om zijn belevenissen in het land van de beroemde veldheer Kublai Khan te dicteren aan de schrijver Rusticiano van Pisa.
De 14e eeuw bracht veel tegenslag. De bevolking van de stad werd gehalveerd door een pestepidemie en de oorlogen met Genua veroorzaakten aanvankelijk veel gebiedsverlies. Uiteindelijk lukte het de Venetianen om de Genuezen te verslaan en zelfs om meer dan het verloren territorium terug te krijgen, want ze veroverden tevens grote delen van Noordoost-Italië. Deze zouden tot het einde van de republiek in Venetiaanse handen blijven.
Halverwege de 15e eeuw begonnen de Ottomanen een bedreiging te vormen voor Venetië. In hun handen vielen diverse koloniën van de stadstaat, zoals Kreta en Cyprus. De Turken trokken steeds verder naar het noorden, totdat ze uiteindelijk in 1571, tijdens de zeeslag bij Lepanto,

werden verslagen door een grote Italiaanse zeemacht, waarin de Venetianen een belangrijke rol speelden. De Turkse marine werd vrijwel geheel in de pan gehakt, maar hun landmacht bleef de Venetianen bedreigen.
In de 15e eeuw was Venetië, ondanks de problemen met de Turken, nog steeds zo succesvol dat zij zich in 1450 de rijkste stad van de wereld kon noemen. Dit ongekende commerciële succes dankte de stadstaat Venetië onder meer aan haar zeer zakelijke instelling. Vanaf het begin van de Venetiaanse handelsgeschiedenis werd duidelijk dat zij zich uitsluitend interesseerde voor zakendoen. Venetië hield zich verre van netelige, buitenlandse politieke kwesties. Zo voorkwam ze betrokkenheid bij een conflict. Vaak speelde de stad een dubbelrol; wanneer twee landen in oorlog waren, deed Venetië zaken met beide. De stadstaat zorgde er eenvoudigweg voor dat men niet om haar heen kon door zo snel mogelijk een monopolie te verwerven. Vervolgens vroeg ze exorbitant hoge prijzen. Een verzachtende omstandigheid was dat ze vrijwel altijd kwaliteit leverde.
Dat Venetië zo welvarend kon worden, dankte zij ook aan haar stabiele politieke systeem. Eeuwenlang bleef de macht in handen van steeds dezelfde adellijke families, die zitting hadden in alle belangrijke overheidsorganen, zoals de wetgevende, uitvoerende of rechtsprekende raad of in de raad rondom de *doge*, de regent van de stad. De doge werd gekozen uit de edelen en voor het leven benoemd. Was hij aanvankelijk, aan het eind van de 7e eeuw, nog bijna alleenheerser, enkele eeuwen later had hij meer een representatieve functie. Hij ontving de vele buitenlandse gasten.

Eenvoud van de aristocratie Dat de adellijke families zolang konden regeren dankten ze niet alleen aan hun zakelijk en politiek vernuft, maar ook aan de 'relatieve' eenvoud die hun leven eeuwenlang kenmerkte. Vergeleken bij de buitenlandse aristocratie werkte de Venetiaanse hard en leefde ze tamelijk sober. Een belangrijk verschil was bovendien dat ze regelmatig vertoefde onder het gewone volk, dat ze bovendien vaak liet meedelen in haar feestvreugde. Het volk was bijvoorbeeld regelmatig welkom in de vele privétheaters in de palazzo's langs het Canal Grande.

De adel zorgde er ook voor dat er uiterlijk niet te veel verschillen waren tussen haar leden en de Venetiaanse Jan Modaal. Tijdens het carnaval droeg iedereen bijvoorbeeld dezelfde carnavalsmantel. De uitbundige wijze waarop dat carnaval werd gevierd, is eveneens een belangrijke reden waarom de politieke situatie in Venetië zoveel eeuwen zo stabiel bleef. Voor de Venetianen vormde dit feest de belangrijkste uitlaatklep voor eventuele gevoelens van politieke onvrede. Wie machthebbers op de hak nam, hoefde niets te vrezen. En daarbij kon iedereen zich ongestoord uitleven in feesten, drank, gokken, in de liefde en in de gelegaliseerde prostitutie.

Opmerkelijk was dat het carnaval steeds langer ging duren toen het economisch moeilijker ging. Dit begon in de 16e eeuw toen er een eind kwam aan Venetiës monopoliepositie op het gebied van de specerijenhandel. De Portugezen namen dit over door de ontdekking van nieuwe handelsroutes door Vasco da Gama in 1498. De Portugezen verloren hun handelspositie op het gebied van de specerijenhandel uiteindelijk weer aan de Hollanders. Vervolgens nam het belang van Venetië als zeevarende natie en als handelspartner verder af toen Columbus Amerika ontdekte.

De 16e eeuw betekende een enorme teruggang. De aristocratische kooplui keken werkeloos toe hoe anderen er met de buit vandoor gingen op het gebied van de internationale handel. Dit was een van de redenen waarom ze zich stortten op het geven van opdrachten aan kunstenaars. Halve familiefortuinen werden eraan besteed. Vrijwel geen stad spendeerde in die tijd zoveel geld aan kunst als Venetië. Grote kunstenaars zoals Carpaccio, Titiaan, Tintoretto en Veronese konden zich bijna fulltime in de stad uitleven. Er werd daarnaast veel gebouwd in deze periode. Vele kerken en bijzondere overheidsgebouwen verschenen. Daarnaast stammen veel *scuole* uit deze periode. Dit waren gebouwen waar broederschappen bij elkaar kwamen voor charitatieve activiteiten, maar ook om kunst te verzamelen. De plafonds en wanden van de scuole werden beschilderd door beroemde kunstenaars, zoals Tintoretto.

De rijke families van Venetië stopten hun geld in de 16e en 17e eeuw uiteindelijk niet alleen in kunst, maar ook in economische activiteiten die het verlies van de handelspositie in het Oosten konden compenseren. Ze investeerden in landerijen, begonnen met de productie van lakenstoffen en glas en met het drukken van boeken. Verder begon toen al het toerisme een belangrijke bron van inkomsten te worden. Voor vele welgestelden uit Frankrijk, Engeland en Noordwest-Europa was de stad een vaste pleisterplaats in hun *grand tour* naar Afrika of het Verre Oosten. Venetië was ook in de 18e eeuw al een bijzondere stad vanwege haar grote hoeveelheid monumenten, grachten en gondels. Daarnaast had ze ook veel te bieden op cultureel gebied. Componisten zoals Monteverdi en Vivaldi woonden en werkten er. In Venetië verscheen bovendien in 1637 het eerste operagebouw van de wereld.

Venetië bleef een trekpleister voor buitenlandse toeristen toen het eind 18e eeuw economisch slecht ging met de stad en Napoleon steeds dichterbij kwam. Er werden nog steeds grote bedragen aan kunst gespendeerd en de feesten en vooral het carnaval werden steeds uitbundiger gevierd. Eind 18e eeuw duurde dat volksfeest bijna een halfjaar. Napoleon trof een stad aan waarin bijna iedereen kunst kocht of opzocht of zelf schilderde, acteerde en in

ieder geval onophoudelijk feestte. Deze situatie doet denken aan de ondergang van het cruiseschip de *Titanic*, waarin het orkest bleef doorspelen toen het schip al volop water maakte. De Venetianen zagen lange tijd in dat de legers van Napoleon vermoedelijk een eind konden maken aan de republiek. Ze stopten geen geld in het keren van dit onheil, door bijvoorbeeld een leger op te bouwen, maar bleven in dezelfde vaart hun geld spenderen aan kunst. Toch bleek dit laatste een belangrijk deel van Venetiës redding. Tegen Napoleon was niet op te boksen, maar nadat hij was verslagen, stroomden de toeristen opnieuw naar het nog mooiere Venetië. De stad werd in toenemende mate het uitgaanscentrum van hovelingen en adel uit heel Europa.
Een zwarte bladzijde in Venetiës geschiedenis vormt de grondige plundering van de stad door Napoleon. Vele kunstschatten verdwenen naar Parijs, zoals de beroemde bronzen paarden van het San Marcoplein. Begrijpelijk dat de Venetianen opgelucht ademhaalden toen Napoleon hun stad en het omringende Veneto eind 1797 aan Oostenrijk overdroeg in ruil voor andere gebieden. Enige jaren later veroverde Frankrijk dit gebied terug en in 1815 viel het weer in Oostenrijkse handen tot 1866. De Oostenrijkers maakten een eind aan het eilandenrijk dat Venetië was, door een dijk aan te leggen voor de trein.
In 1866 werd Venetië onderdeel van het Italiaanse koninkrijk. Kort na de Tweede Wereldoorlog stemden de Italianen en daarmee ook de Venetianen voor afschaffing van de monarchie. Mussolini was er debet aan dat de macht van de koninklijke familie al sinds 1922 tot nul gereduceerd was.

Problemen Sinds 1950 kampt Venetië met een snelle afname van het aantal bewoners. Voor de kinderen van autochtone bewoners is een huis in de museumstad te duur. De prijzen tarten iedere verbeelding sinds Veneti-

aanse panden bij buitenlanders in trek kwamen als vakantieverblijf.
Aan de ontvolking droeg ook de overstroming van 1966 bij. Toen stond bijna de halve stad onder water. Een van de redenen was het dalen van de bodem van de stad. Venetië zonk in de loop der jaren vele centimeters, doordat de industrie van het vasteland de ondergrondse waterreservoirs van de lagune leegpompte. Toen men daarmee stopte, kon de stad haar peil handhaven. Helaas vinden er ondanks deze maatregel nog steeds overstromingen plaats. Er hoeft maar sprake te zijn van storm uit een ongunstige richting of van springtij en het water stroomt alweer over de kaden. Wat dit betekent, ontdekken we wanneer op een avond in het voorjaar het hele San Marcoplein onder water loopt. Niet alleen hier, maar ook in de laaggelegen directe omgeving staan alle kelders en benedenverdiepingen blank. In eerste instantie dachten we: 'Vermoedelijk volgen, net als in Limburg, geldinzamelingsacties en dramatische muziek op de lokale radio. Te meer daar het hier ook nog om zout water gaat.' In Venetië lijkt niemand zich er druk om te maken. Wie geen laarzen draagt, trekt gewoon de schoenen uit en loopt op blote voeten door het water. Tot onze verbazing spelen de strijkjes op de terrassen van het San Marcoplein nog steeds hun internationaal-goed-in-het-gehoor liggende deuntjes. Dit harmonieert met al die half kapotte, fladderende draperieën, die dienen als zonwering. Het geheel doet op een bijna hallucinerende wijze denken aan de fin de siècle-sfeer, aan esthetisch verval. Helemaal omdat diverse stellen in het water op de muziek dansen.
De overstromingen dreigen Venetië fataal te worden. Ze komen steeds vaker voor. Al tientallen jaren doen de plaatselijke en landelijke overheid vergeefse pogingen om overeenstemming te bereiken over maatregelen zoals dijken of een stormvloedkering zoals in Zeeland.
De Venetianen lijken zich bij de situatie neer te leggen.

Diegenen die kampen met overstromingen, hebben simpelweg hun kelders ontruimd en sinds een paar jaar ook de benedenverdieping van hun huis. De winkels en de horecatenten, van met name het San Marcoplein hebben het parket en tapijt van de benedenverdieping voor natuursteen verruild, zodat het zoute water ze niet meer kan aanvreten. *The show must go on* voor de toeristen, want dat is de kurk waarop de economie van de stad drijft.
Een ander probleem waarmee de stad kampt, is de deplorabele staat waarin een groot deel van de bouwwerken verkeert. Nu is het ook niet eenvoudig om alle monumenten goed te onderhouden wanneer je als stad er bijna tienduizend rijk bent. Maar het verval kent meer oorzaken. Een van de belangrijke is de industrie van Porto di Marghera. Voor de olieraffinaderijen werd een doorgang verbreed tussen de schiereilanden in de Venetiaanse lagune en een kanaal uitgebaggerd voor de tankers. Het gevolg is dat er gemakkelijk meer zout water de lagune binnen kan stromen. Dit tast de palen aan waarop de droomstad rust. Wat wel al overal duidelijk zichtbaar is, is dat vele beelden en het marmer van de palazzo's zwart kleuren door de uitlaatgassen van de boten en de luchtverontreiniging door de industrie.
Gelukkig ijveren de gemeentebesturen van Venetië ervoor het verval en de vervuiling te stoppen en er zijn inmiddels enige successen geboekt. Sinds de overstromingsramp van 1966 is ook de rest van de wereld ervan doordrongen dat extra hulp noodzakelijk is. De Verenigde Naties kregen vele overheidsinstituten en particuliere organisaties zover om een bijdrage te leveren aan de restauratie, onder meer door adoptie van projecten. Nederland herstelde inmiddels de kerken San Zaccaria en San Pietro Martire, op Murano. België nam de San Giovanni Decollato voor zijn rekening.
Ondanks de inzet van vele landen is in Venetië duidelijk

zichtbaar dat er nog veel gerestaureerd moet worden. Gelukkig is het doemdenken over de naderende ondergang van de stad grotendeels achter de rug. Sterker nog, Venetië geldt in toenemende mate als een voorbeeld voor de stad van de toekomst. Dit komt omdat de stad al sinds mensenheugenis ervaring heeft met een thema dat voor vele steden actueel wordt, namelijk een autovrije binnenstad. Menig vertegenwoordiger van stadsbesturen van waterrijke steden, bijvoorbeeld van Amsterdam, steekt zijn licht op in de stad.

Economie

Het economisch zwaartepunt van Italië ligt nog steeds duidelijk in het noorden. Hier treffen we de belangrijkste industrieën aan, zoals de metaal-, chemische, auto- en textielindustrie. Milaan en Turijn zijn de belangrijkste industriesteden. Ook in de buurt van Venetië is veel bedrijvigheid. Bij Marghera worden aluminium en zink vervaardigd en we vinden er belangrijke olieraffinaderijen en chemische bedrijven, waaronder een van de grootste chemische fabrieken van Italië. Vanwege al deze industrie, en ook door de haven, is Venetië een van de belangrijkste handelscentra van het noorden.
De landbouw is in het noorden bijna even belangrijk als de industrie. Deze sector levert hier evenveel producten als het driemaal grotere, overige deel van het land, waar men volgens minder moderne methodes de grond bewerkt.
In de Povlakte is het vruchtbaarste land te vinden. Vlak bij Venetië worden granen, suikerbieten en wijndruiven verbouwd. De meeste druiven worden verwerkt tot wijnen met bekende namen, zoals Valpolicella, Bardolino en Soave. Iets meer het binnenland in groeien citrus- en olijfbomen.

Veel Venetianen werken binnen de bouwnijverheid in de museumstad. Vrijwel in ieder steegje of straatje worden wel panden gerestaureerd. Langs het Canal Grande staat zeker een op de dertig panden in de steigers.
Voor Venetië is de toeristenindustrie zo ongeveer de belangrijkste bron van inkomsten. De stad verwelkomt jaarlijks bijna drie miljoen hotelgasten en tien miljoen dagjesmensen.

Unieke verkeerssituatie

De bekende architect Le Corbusier noemde Venetië de enige stad die naar menselijke maat is gebouwd. Auto's en brommers verpesten niet de atmosfeer en belemmeren evenmin het zicht op alle monumentale panden. Iedereen loopt onbezorgd, de omgeving opnemend, midden op bredere straten en kaden. Niemand loopt gehaast, want dat heeft in alle bochtige stegen en smalle looppaden geen zin. Botsingen zouden dan onvermijdelijk zijn.
Op het water is de situatie minder onbekommerd. Daar is het zaak om alert te zijn wanneer je een boot bestuurt. Dat geldt met name voor de loggere schuiten, varende varianten van onze vracht- en bestelauto's en bussen. Alles zigzagt door elkaar. Langs de kade van het Canal Grande zie je ieder moment van de dag *vaporetti*: openbare waterbussen, die langzamer varende vrachtboten inhalen, zoals vuilnispramen, cement-aken, fruit- en groentelichters en platbodems van grossiers, wasserettes, verhuizers en aannemers. Deze grote boten kunnen niet eenvoudig afremmen voor de verschillende gondelveerdiensten en toeristenboten die het kanaal oversteken. Maar zelfs uitwijken is zelden nodig, want de gondeliers manoeuvreren verbazingwekkend handig. Ze hebben een opleiding van drie jaar achter de rug om het al meer dan duizend jaar oude vak te leren. Gondelieren is in de loop der eeuwen

ingewikkelder geworden, vooral door de komst van de taxispeedboten. De gondeliers schreeuwen regelmatig verwensingen naar de gebruinde bestuurders van deze langsscherende boten, die aan het roer staan met het air van een rijke jachtbezitter. Rustiger varen, behalve in noodgevallen, de brandweer-, politie-, en ambulanceboten. Alles laveert langs elkaar. Aanvaringen zijn zeer zeldzaam, ondanks dat de stad maar één stoplicht telt, dat uitsluitend bestemd is voor boten.

Kunst en cultuur

Architectuur Het is eigenlijk een wonder dat juist Venetië eeuwenlang toonaangevend was op architectonisch gebied. Nergens kostte het meer moeite om bouwwerken op te richten dan hier. De ondergrond van de stad bestaat uit een drassige lagune, waarvan het grind en de klei steeds in beweging zijn door de getijdewerking. Om hierop te bouwen moet een fundering worden gecreëerd die bestaat uit een onvoorstelbaar groot aantal heipalen, verstevigd door grote roosters. Zo staat de Rialtobrug op 120.000 en de Salutekerk op 180.000 palen. Ondanks deze enorme hoeveelheid palen moesten de architecten deze bouwwerken aanzienlijk lichter maken dan elders noodzakelijk was. Vandaar dat ook de muren van de palazzo's niet zwaar zijn en de gebouwen niet zo hoog. Voor torens durfde men in het verleden weleens een gokje te nemen. De gevolgen bleven niet uit. Zo stortte in 1902 de Campaniletoren in. Vijfhonderd jaar geleden gebeurde hetzelfde met de toren van San Angelo. Diverse torens staan schrikbarend scheef. Het oudste Venetiaanse bouwwerk stamt uit de 6e eeuw. Dat is de San Giacomo di Rialto. Enkele eeuwen ouder is een belangrijk deel van de San Marcokerk. De oudste paleizen zijn Palazzo Dandolo uit de 11e eeuw en het Ca'da Mosto.

In de Romaans-Byzantijnse periode tussen de 7e en de 13e eeuw was Venetië zeer sterk op het Oosten gericht. In het begin van de 13e eeuw veroverde het zelfs een belangrijk deel van Byzantium. Vooral in die tijd speelde de mozaïekkunst een belangrijke rol in de bouwkunst. In de 13e eeuw importeerden de Venetianen vormelementen uit het Oosten voor bijvoorbeeld de kozijnen en deuren, zoals de hoefijzerboog, de spitsboog en de lange slanke zuil. Daarnaast verschenen open loggia's en begon men met de gouddecoratie van de huizen, de koepels en de kantelen langs het dak.

Tijdens de gotiek, die halverwege de 13e eeuw begon, integreerden de architecten veel westerse bouwelementen, zoals het doorbroken rozet. Pas een eeuw later kon Venetië het Oosten, waarmee het altijd zo sterk verbonden was, enigszins loslaten. Zo verschenen er bijvoorbeeld vensters in de San Marcokerk. In deze periode bouwde men het, overigens nog sterk door het Oosten beïnvloede, Dogenpaleis en het palazzo Ca'd'Oro. Beroemde kerken uit dezelfde tijd zijn de San Giovanni e Paolo en de Santa Maria Gloriosa dei Frari.

De renaissance, die begon in de 15e eeuw, inspireerde de Venetianen pas echt tot de grootschalige toepassing van westerse stijlelementen. Een van de belangrijkste architecten uit die tijd was Antonio da Ponte, een artiestennaam voor Antonio Contini. Hij kreeg zijn pseudoniem, dat in het Nederlands 'Van de Brug' betekent, wegens de bouw van twee belangrijke bruggen: de Rialto en de Brug der Zuchten van het Dogenpaleis. Een andere bekende en zeer omstreden architect was Andrea Palladio. Deze architect uit Vicenza wilde uitgerekend in Venetië de klassieke architectuur weer tot leven wekken. Dit terwijl robuuste, klassieke gebouwen veel te zwaar zijn voor de drassige ondergrond van Venetië. De controverse werd nog groter toen de architect er onverholen voor uitkwam dat hij niets dan afschuw kon opbrengen voor alle, voor

Venetië zo typerende, kleuren, ornamenten en versieringen. Zijn belangrijkste werk is de bouw van de Gallerie dell'Accademia en van de Il Redentorekerk op het eiland Giudecca.
Na de gestrengheid van Palladio begroetten de Venetianen opgelucht de barok, die het opvallendst werd vertolkt door de architect Vicenzo Scamozzi, die diverse paleizen langs het Canal Grande bouwde, zoals Palazzo Barbarigo della Rerazza.
In de 17e eeuw beleefde de bekende frivole Venetiaanse stijl van de renaissance een 'revival' in de vorm van het werk van onder meer Baldassare Longhene, zoals de Santa Maria della Salute. Die architect was zo ongeveer de laatste bekende bouwmeester binnen een belangrijke stroming.

Schilderkunst Venetië bracht vele beroemde meesters voort. Maar het duurde lang voordat het zover was en tevens voordat er sprake was van Venetiaanse kunst. Tot in de vroege Middeleeuwen richtte de stad zich geheel op het Oosten, de bron van haar welvaart. Byzantium vormde het grote voorbeeld op het gebied van de schilderkunst. Men rekruteerde daar de kunstschilders voor de decoratie van de San Marcokerk of stuurde er de eigen Venetiaanse kunstschilders naar toe om er inspiratie op te doen. De Venetianen waren zo in de ban van de kunst van Byzantium, dat geheel aan hen voorbij ging wat in Italië gebeurde. De Italiaanse schilder Giotto, die in het begin van de 14e eeuw faam verwierf in grote delen van Italië, kreeg bijvoorbeeld geen enkele opdracht in Venetië. Zijn stijl, die naar realisme en individualisme streefde, stond haaks op de Byzantijnse.
Pas in de 15e eeuw kreeg een groep Venetiaanse schilders succes in de stadstaat. Ze behoorden allen tot de familie Vivarini, onder wie de broers Antonio en Bartoloméo. Hun navolgers waren onder meer Giovanni Bellini, Jaco-

bello del Fiori en Lorenzo Veneziano. Hun vroeg-Venetiaanse schilderkunst is rijk vertegenwoordigd in diverse kerken, paleizen en musea. De familie Bellini, onder wie Jacopo, vervolmaakte deze stijl, die wordt gekenmerkt door realisme.
Zijn zoon Giovanni Bellini werd de grondlegger van de grote Venetiaanse schildersschool, waar onder meer de beroemde Titiaan, Tintoretto, Veronese en Tiepolo toe behoorden. Giovanni Bellini's schilderijen tonen de macht en de rijkdom van het Venetië van halverwege de 15e eeuw. Beroemd zijn verder zijn vele madonna's. Alleen al in Venetië vindt u er nog veertig. Een van Bellini's leerlingen was de beroemde Titiaan. Hij werd de officiële staatsschilder van de republiek Venetië. Een van zijn opdrachten was jaarlijks de doge te schilderen. Vele staatshoofden van zijn tijd, zoals Karel V, lieten zich graag door hem portretteren. Paus Paulus III haalde hem uiteindelijk naar Rome.
Niet alleen het werk van Titiaan was populair, ook zijn persoonlijkheid. In zijn huis verwelkomde hij vele internationaal beroemde geleerden, kunstenaars en vorsten. Zijn woning, in de wijk Biri Grande achter de Santa Maria dei Miracoli, staat er nog steeds. Zijn werk is te bewonderen in vele belangrijke expositieruimten, waaronder natuurlijk de Accademia. De daarop behandelde thema's draaien meestal om schoonheid, gezondheid, wellust, vrouwen en welstand. Meer ingetogen werk vinden we in de Frarikerk.
De grootheid van Titiaan werd geëvenaard door Tintoretto. Hij hield zich in tegenstelling tot Titiaan minder met uiterlijkheden bezig, maar meer met de innerlijke bewogenheid daarachter. Daarmee sleepte hij zo ongeveer alle belangrijke opdrachten in de wacht. Hij leefde bijna twintig jaar korter dan Titiaan, die 96 jaar oud werd, maar beschilderde een tienmaal zo groot oppervlak. Na Rubens heeft geen bekende kunstenaar zoveel geproduceerd. Tin-

toretto schilderde vele religieuze voorstellingen. Nergens komt zijn werk zo goed tot uiting als op het plafond van de Scuola Grande di San Rocco.
In de 18e eeuw bereikte de Venetiaanse schilderkunst een hoogtepunt door het werk van Tiepolo. Hij decoreerde veel plafonds van landhuizen, kerken en kunstgenootschappen, hier *scuole* genaamd. Zijn schilderijen behandelen voornamelijk religieuze thema's.
Een andere beroemde Venetiaanse schilderes was Rosalba Carriera, die in de 18e eeuw furore maakte met haar portretten van keizers, koningen en vorsten.

Carnaval Eens, wanneer weet niemand, vierde Venetië het carnaval hooguit een paar dagen. Maar naarmate het economisch slechter ging, duurde het steeds langer. In de 16e eeuw besloot men het feest al in oktober te laten beginnen. Dit gebeurde nadat de Turken een belangrijk deel van de Middellandse Zee in hun macht hadden gekregen. Toen Venetië ook nog haar handelspositie kwijtraakte, dompelde de stad zich bijna een half jaar lang in het carnaval. Iedere dag was het feest op het San Marcoplein. Daar bouwden potsenmakers hun toeren, begonnen optochten en zetten allerhande avonturiers met loze snoeverijen half Venetië op zijn kop. Vooral op het belangrijkste plein volgde het ene carnavalsbal het andere op. Daarnaast waren er feesten op uiteenlopende private en openbare plaatsen, tot in de publieke voortuinen van de kloosters toe. Pas na Hemelvaart besloot men aan de slotceremonie te beginnen. De doge speelde daarin een belangrijke rol. Onder zijn toeziend oog jaagden gemaskerde leden van het slagersgilde als Spaanse stierenvechters achter drie stieren aan op de binnenplaats van het Dogenpaleis. De slagers onthoofdden de dieren, legden hun koppen op zilveren schalen en deden ze cadeau aan het hoofd van de stadstaat. Voor hem gooide de feestcommissie tevens tien varkens van de San Marcotoren af. Tot

de 16e eeuw waren dit levende dieren, daarna symbolische. Het spektakel werd er niet minder om, want met veel ceremonieel maskeerden de laatste dogen de neergang van de stadstaat.
Alle festiviteiten trokken veel belangstelling, want eind 18e eeuw, toen het carnaval een halfjaar lang duurde, kwamen maar liefst 30.000 toeristen zich laven aan de roes van loutering en uitspatting. In deze vrolijke tijd spelen de decadente memoires van de Venetiaan Casanova.
Met de Franse bezetting begon in 1797 opeens de vastentijd. Die leek eeuwig te duren totdat een slimme wethouder in 1985 het carnaval nieuw leven inblies. Sindsdien beleeft de horeca van Venetië een extra toeristisch hoogtepunt in de winter. Maar het carnaval duurt hier tegenwoordig nauwelijks langer dan elders in Europa. De Venetianen zelf hebben geen tijd om langer te feesten. Het gaat hun economisch weer voor de wind.

Literatuur De eerste beroemde Venetiaanse literator was de koopman en ontdekkingsreiziger Marco Polo (1254-1324). Hij was de eerste westerling die vrij mocht rondreizen in China en beschrijft zijn lotgevallen in *Il Milione*.
In tegenstelling tot het boek van Marco Polo hebben de meeste beroemde literaire werken over Venetië geen happy end. Thomas Mann creëerde in *Der Tod in Venedig* (Dood in Venetië) een hoofdpersoon die zich vooral 's avonds en bij mistig herfstweer bewust was van de keerzijde van alle pracht en grandeur van de museumstad en het bijbehorende eiland het Lido. Dan hing hier, volgens hem, een doodssluier overheen. Op dergelijke dagen voorvoelde hij zijn noodlot. Een belangrijk deel van het boek speelt zich af in Hotel Des Bains op het Lido. Een groot, aan de buitenkant wat vervallen hotel, stammend uit het 19e-eeuwse fin de siècle, en ingericht in art deco-stijl. Er hangt nog dezelfde sfeer: de stilte en melancholie van de

herfst, de vele spiegels, het spaarzame licht, het uitzicht op het verlaten strand, en het verstilde, vervallen terras met decadente Romeinse beelden en de luxe nieuwe roze tafelkleden in de regen.

Niet alleen rond de eeuwwisseling toen morbide-decadente verhalen mode waren, werd in die trant over de stad geschreven, ook veel later, bijvoorbeeld in de jaren zestig door Daphne du Maurier in haar boek *Don't look now.* Haar hoofdpersoon wordt in Venetië achtervolgd door paranormale waarschuwingen om de stad snel te verlaten. De ontknoping van het verhaal maakt duidelijk dat dit geen slagen in de lucht waren. De hoofdpersoon verdwaalt in de buurt van de kerk Santi Giovanni e Paolo, in een van de oudste wijken, waar de stegen het smalst en bochtig zijn. Hij hoort een kind schreeuwen en wegrennen. Hij vermoedt dat het wordt achtervolgd en gaat achter het kind aan om te helpen. Na een tocht door een wirwar van donkere stegen en binnenplaatsjes gaat het kind, een meisje, een oud pand binnen en klimt naar boven. In de zolderkamer zet ze haar grote hoofddeksel af. Ze blijkt een gebochelde dwerg te zijn, die een fataal mes naar hem werpt. De hoofdpersoon constateerde al eerder: 'Op het eerste gezicht presenteert Venetië zich als de mooiste Europese stad. Bij nader inzien lijken de zwarte gondels op drijvende doodskisten en is het verval alom aanwezig in deze zinkende stad.'

In verband met de bodemdaling van de stad schreef de Engelse dichter Shelley: 'Eerst was je het kind van de oceaan, toen zijn koningin, maar er is een duistere dag aangebroken en spoedig zul je aan de zee ten prooi vallen.' Dit zette hij aan het begin van de 19e eeuw op papier. Toen schreef men de bodemdaling van de stad, ieder jaar een paar millimeter, toe aan duistere machten die zich goed thuis voelden in deze stad vol verval. Dit alles bracht menige horror- en detective-pen in beweging.

Fictie:
Der Tod in Venedig, Thomas Mann, Fischer Verlag.
Don't look now, Daphne du Maurier, Dell Publishing Co.
Venetië, Ferrara, Ravenna, Louis Couperus, Veen uitgevers.
Mijn levensgeschiedenis, Giacomo Casanova, NBC.
Across the river and into the trees, Ernest Hemingway, Penguin Books.
The Aspern Papers, Henry James, Penguin Books.
The merchant of Venice, William Shakespeare, diverse uitgeverijen.

Informatief:
The Venetian Empire, Jan Morris, Faber and Faber, Londen/Boston.
Venice, Jan Morris, Faber and Faber, Londen/Boston.
Joost Divendal: Een passie voor Venetië, Joost Divendal, Sua, Amsterdam.
Mein Leben, Richard Wagner.
Venice, a portable Reader, Toby Cole, Frontier Press, New York City.

Theater Het theater is voor een belangrijk deel in Venetië uitgevonden. In 1637 opende het eerste operagebouw ter wereld dat toegankelijk was voor een breed publiek. De naam luidde Theater Nuovo di San Cassiano. In 1678 volgde het theater Malibran en kort daarna ook theater Goldoni. Hier werden eeuwenlang theater- en muziekstukken opgevoerd van al die beroemde componisten, dirigenten en schrijvers van toneel- en theaterstukken die domicilie hielden in Venetië. Op operagebied was de bekendste Monteverdi (1567-1643). Vivaldi vergaarde beroemdheid met zijn vioolmuziek en Wagner bepaalde de toon van de recentere klassieke muziek.
La Fenice is nog steeds de koningin onder de schouwburgen en concertzalen. Velen noemen dit het mooiste

danstheater van de wereld. Bijna dagelijks geniet een doorgaans feestelijk aangekleed publiek hier van een concert, operavoorstelling of ballet. Vroeger beleefden tal van muziekstukken van de Venetiaanse componist Verdi hier hun première. Ook Wagners *Lohengrin* werd hier voor het eerst uitgevoerd.

Regatta's In deze stad, omringd door water, spelen bootraces, hier regatta's genaamd, een belangrijke rol. De stadstaat begon ermee in 1300 omdat ze daarin een perfecte manier zag om haar militairen te trainen. Op de ondiepe lagune waren immers de kansen om de vijand te verslaan veel groter dan in Venetië zelf, omdat de Venetianen zo slim waren de vaargeulen geheim te houden.
De militaire vaartuigen zijn, tot de uitvinding van de motor, altijd roeiend voortbewogen. Zeilend is het moeilijk om de vaargeul goed te volgen. Roeiend en vooral staand, zoals de Venetianen dat doen, gaat dat een stuk beter. En zo gebeurt dat nog steeds tijdens regatta's, bijvoorbeeld tijdens de Vogalonga, die altijd met Pinksteren wordt gehouden. Honderden verschillende soorten roeiboten en gondels racen dan van het San Marcobassin naar het vijftien kilometer verder gelegen eiland Burano. Op weg naar de finish komen ze Venetië binnen bij Cannaregio. Hier worden ze, langs het Canal Grande, van alle kanten toegejuicht. Dan is tevens perfect te zien hoe de staand pagaaiende Venetianen het in hun boten opnemen tegen de vele zittende roeiers uit het buitenland.
Voor deze wedstrijd trainen de Venetianen het hele jaar door. Altijd glijden op de lagune wel een aantal grote wedstrijdgondels. Daarnaast verbetert men de roeivaardigheden ook solo. In menig mooi gekleurd roeibootje, dat zo vredig dobbert in al die pittoreske kleine kanalen, wordt vaak staand hard gezwoegd. Roeien is de belangrijkste sport in deze stad.
Minder sportief, maar prachtig om te zien is de Regatta

Storica vanwege alle historische kostuums en boten. Een van de belangrijkste pronkstukken is de rijk versierde, goudkleurige gondel die de dogen gebruikten voor ceremonieel. In veel boten zijn tijdens de race de kostuums te zien die men in die tijd droeg. Na de parade van de boten over het water, gaan alle zeewaardige vaartuigen op de lagune racen. Deze historische regatta wordt altijd op de eerste zondag in september gehouden.

De gondel De gondels bestonden al in het jaar 1094. De doge noemde ze toen in een decreet. Daarnaast verhalen sommige geschriften over de meer dan tienduizend gondels die in de 17e eeuw als pauwen door de kanalen voeren. Een kleine eeuw eerder waren ze zelfs versierd met zilver en goud. Dit werd een 16e-eeuwse doge te veel. Daarom bepaalde de senaat in 1564 dat het afgelopen moest zijn met alle overdaad. Sindsdien zijn vrijwel alle gondels zwart en bevatten ze hooguit enkele gietijzeren versieringen. Het traditionele kostuum van de gondeliers veranderde niet. Nog steeds dragen zij een strohoed met een zwierige band en een gestreept T-shirt.
Verder is de rol van de gondel duidelijk veranderd. Vroeger was deze boot voor de Venetianen net zo belangrijk als de fiets en de auto voor de Nederlander. De bewoners van de palazzo's bezaten vaak wel zes gondels, die lagen afgemeerd langs kleurrijke palen. Vroeger bevatten deze vaartuigen vaak cabines, die de passagiers beschermden tegen regen en indiscrete blikken. Sommige historici beweren dat ze vooral populair werden in de 18e eeuw, de tijd dat Venetië de meest decadente stad van Europa was. Hoewel die overkapping rond de vorige eeuwwisseling praktisch verdween, bleef de gondel het vervoermiddel. De komst van de motorbootjes zorgde er langzaam maar zeker voor dat het aantal gondels inkromp van 10.000 naar zo'n 400 en bovendien dat deze zwarte koninginnen van de kanalen voornamelijk nog voor de toeristen varen.

Een van de beroemdste delen van het Canal Grande

Venetië dankt haar welvaart aan de scheepvaart

Maria della Salute

Toch zitten ook Venetianen in gondels, maar dan wel in speciale soorten. Zo stapt menig Venetiaan letterlijk en figuurlijk in een huwelijksboot, meestal een gondel uitgedost met wit kleed en veel bloemen. Vooral op zaterdagen zie je ieder uur van de dag wel een stel dat zo in vol ornaat op weg is naar hun bruiloftsmis. Een geheel andere bootsoort, de allerlaatste die menig Venetiaan neemt, is de begrafenisgondel. Meestal eindigt de tocht bij het dodeneiland San Michele, een plek waar veel beroemde doden zijn begraven.
Een aantal Venetianen maakt dagelijks gebruik van een van de zes gondelveerdiensten op het Canal Grande. Zij besparen zich hiermee vaak een omweg van meer dan een kilometer, want het Canal Grande telt maar enkele bruggen. Op de steiger roepen ze 'Pope, pope' – dit is de Venetiaanse benaming voor de gondelier – en ze stappen geroutineerd en elegant in de schommelende boot. De hele vaart blijven ze fier rechtop staan. Wij zoeken al langs de kant naar ons evenwicht vanwege alle langstuffende boten. Vrijwel alle boten varen sneller dan de door de gondeliers bedongen maximumsnelheid van 5 km per uur. Alle boten zigzaggen door elkaar heen. Dat er nooit ernstige ongelukken zijn gebeurd op de drukke bochtige grachten van de stad is vooral ook te danken aan de behendigheid van de gondeliers. Een van hen zegt: 'Het is een *éducation permanente.* Iedere dag leer je weer sneller reageren. Een gevolg van dit alles is dat er de laatste jaren niet veel tijd en aandacht overblijft voor zingen, zeker niet overdag.'

De tradities Net als vroeger kan niemand gondelier worden zonder een gedegen opleiding van drie jaar, die alleen Venetianen kunnen volgen. Zangles wordt net als voorheen niet gegeven, want iedere Italiaan wordt geacht daarvoor een natuurlijk talent te bezitten. Naast veel vaaronderricht krijgt de gondelier in spe tegenwoordig ook lessen kunstgeschiedenis en Frans en Engels. Verder wordt de leerling in de praktijk ingewijd door een ervaren rot in het vak, een *padrone*; meestal is dat zijn vader.

Gondeliers zijn net als vroeger ingebed in een strikte hiërarchie, die gebaseerd is op hun leeftijd. Dat betekent dat uitsluitend de oudste gondeliers zelf kunnen bepalen waar ze toeristen lokken. Zij bezitten vrijwel allemaal hun vaste stek langs het felbegeerde San Marcoplein. De anderen moeten het doen met de plekken waar minder toeristen komen.

Het is zeker een kunst apart om de toeristen in de boot te krijgen, want *f* 125,- voor een gondelritje van drie kwartier is niet weinig. Maar het is de prijs waard als u bedenkt dat de gondeliers in de winter nauwelijks klanten vinden en bovenal dat het onderhoud van de boten een klein fortuin kost. Op de weinige gondelwerven die de stad nog telt, wordt nog vrijwel net zo gewerkt als een paar eeuwen geleden, bijvoorbeeld bij de Squero di San Trovaso-werf in de wijk Dorsoduro. Hier omgeeft men de bouw van gondels met een zekere geheimzinnigheid. Op iedere werf werkt men nog steeds volgens een eigen recept. Maar overal gebruikt men welgeteld 280 onderdelen die met de hand worden gemaakt en bevestigd. Deze componenten zijn grotendeels gemaakt van acht verschillende houtsoorten, zoals lariks-, noten-, iepen- en lindehout. Een groep gondelbouwers is zeker 25 dagen bezig met de bouw van een exemplaar. Net als vroeger werken ze van zonsopgang tot zonsondergang.

Er rollen nog zelden nieuwe gondels van de werfhelling. Maar de vierhonderd *gondolieri* zullen niet snel werkloos worden zolang verliefde paren menen dat de gondel beslist geen drijvende doodskist is en zolang de overige toeristen 's avonds betoverd worden door het oosterse sprookje of op zonnige dagen door het schilderachtig verval.

Sinister imago Ondanks alle maatregelen en restauraties van panden om de stad van de ondergang te redden, zal het sinistere imago van Venetië niet snel verdwijnen, want het is iets dat de Venetianen al van oudsher spannend vinden en cultiveren. Zo zijn er ansichtkaarten te koop van het overstroomde San Marcoplein met iemand die tot zijn middel in het water staat en angstig kijkt naar de donkere wolken die zich boven hem samenpakken. In advertenties van een bekende galerie staat dezelfde foto, maar dan met een mooie vrouw in rode feestjurk, die dood ronddrijft. De gevaren van het vele Venetiaanse water worden tastbaar in het meest macabere beeldhouwwerk dat ik ooit heb gezien: een meer dan levensgrote, groen uitgeslagen, bronzen afbeelding van een verdronken matroos op een ponton dat bijna wordt overstroomd, verborgen achter wat struiken langs de kade Riva del Sette Martirini. Een sinistere indruk maken ook de etalages van veel kunst- en souvenirwinkels, die volhangen met lijkbleke maskers en levensechte nabootsingen van de snavelvormige gezichtsbescherming tegen pestbesmetting van de middeleeuwse dokters. Het zijn geen vrolijke mombakkesen, die tijdens het carnaval worden gedragen. Het huiveringwekkendste wat ik in Venetië aantrof, bevond zich in het huismuseum van het Redentoreklooster op het eiland Giudecca. In glazen stolpen zagen we verschrikte paterhoofden, die onthoofd en daarna geprepareerd leken te zijn. Toen we eenmaal gewend waren aan het schemerige licht, bleken dit wassen afbeeldingen – aldus de rondleidende pater in bruine pij – van de vroegere oversten van de plaatselijke kapucijnen. Volgens de pater gaat het om iets unieks, niet te vinden in de andere kloosters van zijn orde. Het is een traditie waarvan ook de pater de oorsprong niet kent. Misschien schrikken de Venetianen niet zo snel ergens van. Dat willen we graag geloven. Geen Zuid-Europese stad telt zoveel kerken met natuurgetrouwe uitvoeringen van schedels en beenderen.

Boven de toegangsdeuren, maar ook binnenin, bijvoorbeeld in de kerk Santi Giovanni e Paolo. Het lijkt alsof de Venetiaanse kerken de dood in vroegere tijden extreem symboliseerden om de parochianen ervan te doordringen hun toegang tot het hiernamaals via de kerk veilig te stellen. Enerzijds vermoedelijk omdat velen rijk en onbezorgd waren, anderzijds omdat ze niet zo snel schrokken van zaken die minder huiveringwekkend zijn. Tenslotte heeft hun stad al vanaf het begin van de 17e eeuw een macaber imago, de Engelsen noemden deze toen al de meest sinistere en verdorvene van Italië. De Venetianen spelen graag met dit thema en benadrukken het al eeuwen, eenvoudigweg omdat het loont. Het trekt schrijvers en, belangrijker, toeristen aan. De inkomsten uit het toerisme vormen voor de zakelijke Venetianen al eeuwenlang het vervangingsmiddel van de rijke buit van de vroegere galeischepen.

Regionale keuken

Traditionele Venetiaanse gerechten zijn vaak variaties op de klassieke Italiaanse keuken. Kenmerkend is dat vis het vaak wint van vlees. Typisch Venetiaans is bijvoorbeeld risotto, een rijstgerecht met daarbij vaak gegrilde vis. Dit kan bijvoorbeeld *san piero* zijn, een vis met wit vlees, of paling (anguilla'), of tong (*sogliola*) en garnalen (*scampi*). Aanbevelenswaardig is *risotto ai frutti di mare*, risotto met gemengde vissoorten.

Andere Venetiaanse gerechten zijn:

Peoci salati: gekookte mosselen met knoflook;

Carciofini: artisjokharten;

Pasta e fagioli: soep met pasta en bonen.

Fegato alla Veneziana: kalfslever met uien.

Bigoli in salsa: een donkere volkorenspaghetti met ansjovissaus.

Seppie in tecia: inktvis gekookt in zijn eigen inkt.
Moleche: gegrillde krab.
Baccalà alla Veneta: kabeljauw op z'n Venetiaans.
Sarde in saor: sardines met uien.
Tramezzino: een dubbele of zelfs driedubbele sandwich gevuld met tomaat, ham, eieren, of spinazie of tonijn of ansjovis. Soortgelijke broodjes zijn tegenwoordig in vrijwel heel Italië te koop, maar hier, waar ze zijn uitgevonden, zijn ze op hun best. Dat ligt aan de zorg voor de vulling en ook aan het type brood dat wordt gebruikt. Het is brood dat ondanks een bijna waterige vulling toch knapperig blijft.
Brood is eveneens een specialiteit van de waterstad. Door eindeloze experimenten met tal van deegsamenstellingen wisten de Venetiaanse bakkers brood te ontwikkelen dat langer knapperig blijft dan andere soorten. Voor die tijd werd het brood binnen een paar uur zacht en klef vanwege de vochtige atmosfeer in de stad.

Opbouw van de maaltijd De meeste restaurants serveren 's middags het meest uitgebreide menu. Wilt u dus echte specialiteiten eten, maak dan een goede culinaire dagindeling.
De indeling van de Italiaanse maaltijd bestaat meestal uit de volgende vier gangen:
1. Antipasto. Hierbij horen voorgerechten, zoals gemengde vleeswaren en ham- en visschotels.
2. Primo piatto. Als eerste hoofdgerecht eten de Italianen meestal deeggerechten zoals lasagne, tortellini en spaghetti.
3. Secondo piatto. Bij dit tweede hoofdgerecht is er keuze uit vlees- of visschotels, waarbij de verschillende groenten apart worden opgediend.
4. Dessert.

Wijnen Uit Veneto en de regio Friuli komen wijnen zoals Soave, Verduzzo en Pinot Grigio.

Beschrijving van de stad

In weinig steden is het zo prettig wandelen als in Venetië. Niet alleen omdat deze stad het grootste levende openluchtmuseum van Europa is, een belangrijke rol speelt ook het ontbreken van gemotoriseerd verkeer op wielen. Daarbij is het spannend en soms een kunst apart om je weg te vinden in de historische wijken. De stratenpatronen ervan zijn vaak sinds de vroege Middeleeuwen niet veranderd, vol met door elkaar zigzaggende stegen, kaden en straatjes die onder huizen verdwijnen. Een belangrijk hulpmiddel bij het vinden van de weg is het kennen van de Italiaanse naam van de belangrijkste straat-, steeg- en kadetypen die in Venetië voorkomen. Deze zijn namelijk steevast in iedere benaming terug te vinden. Voorbeelden zijn:
Sali(z)zada: de belangrijkste straat in de stadswijk;
So(t)toportego/-portico: een steeg;
Rio: kanaal;
Rio Ter(r)a: gedempt kanaal;
Riva: straat op een kade;
Calle: straat;
Campo: plein;
Campiello: pleintje;
Corte: binnenplaats;
Fondamenta: brede kade;
Molo: smalle kade;
Ponte: brug;
Ramo: een kleine straat (steegje) die twee grotere straten met elkaar verbindt.
Wanneer u een exact adres zoekt, is het een kunst apart om dit te vinden. De nummering van de huizen is namelijk niet, zoals bij ons, gebonden aan de straten, maar aan complete wijken, waarin huisnummers oplopen tot bo-

ven de 6000, zoals in de wijk Castello. De nummering lijkt niet op logica te zijn gebaseerd. Soms ligt nummer 48 bijvoorbeeld ruim honderd meter verwijderd van nummer 50. Het systeem hierachter zal voor een niet-Venetiaan altijd wel een raadsel blijven. Gelukkig kennen de bewoners de wijk op hun duimpje en de meesten zijn zeer behulpzaam.
Bij het vinden van adressen zijn de naam van de stadswijk en het huisnummer belangrijker dan de straatnaam. Dit is zo omdat sommige 'straten' in meerdere wijken voorkomen. Zo is er bijvoorbeeld een Calle di Preti in bijna alle zes Venetiaanse wijken.

San Marco en Dorsoduro

San Marco is een wijk van kleine afmeting, maar grote faam. Wie kent niet het San Marcoplein, de gelijknamige kerk en het Dogenpaleis? Zij vormen samen met de rest van de wijk het levenslustig kloppend culturele hart van de stad. U vindt er diverse musea en theaters, tussen de wirwar van stegen met veel palazzo's en patriciërs- en herenhuizen. In deze wijk is het al belangrijk rustiger dan op het toeristische San Marcoplein. Hetzelfde geldt vaak zelfs voor Campo San Angelo dat functioneert als centrum van de stad. Hieraan liggen de belangrijkste boekwinkels, grote hotels, banken, reisbureaus, antiekwinkels en kunstgaleries.
Wanneer de wijk San Marco nummer 1 staat op het verlanglijstje van menig toerist, dan staat Dorsoduro op een goede tweede plaats. Ook deze wijk, aan de andere kant van het Canal Grande, is vol cultureel leven. Er staan een aantal onovertroffen musea. Toch is het in Dorsoduro gelukkig niet zo druk als in San Marco. Daarnaast zijn er niet veel, maar wel leuke restaurants en wijnbars die worden gefrequenteerd door kunstliefhebbers of de plaatse-

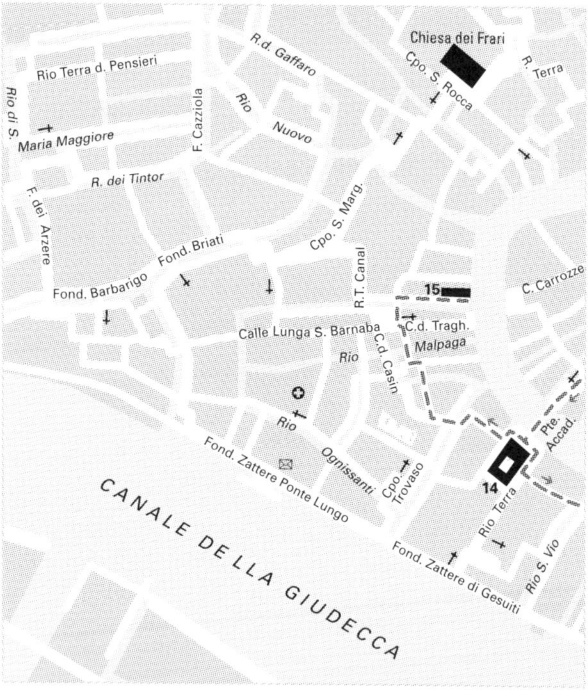

San Marco en Dorsoduro

1 San Marcoplein
2 Procuratie Vecchie
3 Procuratie Nuove
4 Café Florian
5 Campanile di San Marco
6 Piazetta di San Marco
7 Libreria Vecchia
8 Dogenpaleis
9 San Marcokerk
10 Museo Civico Correr
11 Santa Maria del Giglio-(Zobenigo)kerk
12 La Fenice
13 Museo Fortuny
14 Accademia
15 Museo del Settecento
16 Guggenheimmuseum

lijke yuppies, die voor een belangrijk deel afkomstig zijn uit andere landen. Diverse Amerikanen en Japanners bezitten hier een derde of vierde huis. Toch doet de sfeer nog

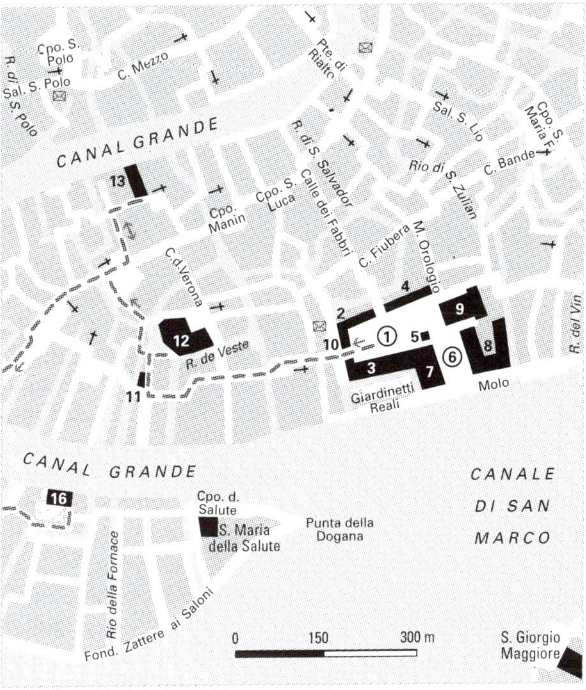

zeer gemoedelijk aan en voelen de gewone Venetianen zich goed thuis in de wijk. (Bestuurlijk hoort ook het eiland Giudecca bij de wijk, maar daar dit echt een eiland apart is, staat het beschreven bij de Venetiaanse eilanden.)

San Marcoplein (1). Napoleon noemde dit plein 'de mooiste salon van Europa die het waard is de hemel tot plafond te hebben'. Dat de veldheer het hiermee vergeleek is misschien niet zo gek, als u bedenkt dat het San Marcoplein eigenlijk geen plein is. Het is geen trefpunt van straten. Er komen weliswaar twee drukke straten op uit, maar die worden door een aantal gebouwen geheel aan het oog onttrokken. Aan drie zijden is het plein geheel omsloten door bebouwing en arcaden. Zo ontstaat een binnenruimte.

Na een wandeling door de smalle stegen en straatjes is de ruimte van het San Marcoplein een verademing. Vermoedelijk is deze prettig ruimtelijke werking er de reden van dat de Venetianen er geen behoefte aan hadden om er grote monumenten en standbeelden op te plaatsen.

Het plein lijkt rechthoekig, maar dit is gezichtsbedrog. Het is aan de ene kant 57 en aan de andere kant 82 m breed. De lengte is 180 m. Symmetrie is iets onnatuurlijks in zo'n grillig gevormde stad die overal wordt doorsneden door kronkelige kanalen.

De Venetianen noemen het San Marcoplein eenvoudigweg de *Piazza*. Het was eeuwenlang het politieke en religieuze middelpunt van de stad. Venetianen haalden hier zegevierende veldheren in met veel eerbetoon. Het San Marcoplein kreeg rond de 12e eeuw grotendeels zijn huidige vorm. Er bestond al een paar eeuwen een eenvoudiger uitvoering. Na de val van de republiek was het het centrum voor alle grote feesten, vooral het carnaval.

Rondom het plein bevinden zich de oude regeringsgebouwen, zoals de *Procuratie Vecchie* (2), waar eens de negen procuratiehouders werkten die verantwoordelijk waren voor de administratie van de republiek. Tegenwoordig functioneren ze als prestigieus kantoor. Aan de overkant van de Procuratie Vecchie liggen de *Procuratie Nuove* (3). Zij bevatten het *Museo Civico Correr*, het stadsmuseum. Dit is tevens gevestigd in de Ala Napoleonica, de Vleugel van Napoleon. Eens was dit een palazzo.

Het plein is tegenwoordig voornamelijk ingesteld op toeristen. Maar toch vormt het ook nog steeds een ontmoetingsplek voor de Venetianen zelf. Geen wonder, vooral 's avonds is het goed toeven op de terrassen waar altijd wel live-muziek klinkt. Voordat u zich hier op een terras neervlijt, is het goed te bedenken dat er vermoedelijk weinig plekken op de aardbol zijn met zulke astronomische prij-

zen op de menu- en drankenkaart. Een kop koffie kost hier al snel meer dan *f* 14,-. Maar gratis is de muziek van een strijkje en veel spontaan live-theater in een van de mooiste decors ter wereld.
Een terras dat vooral wordt gefrequenteerd door Venetianen zelf is *café Florian* (4). In de 18e eeuw was dit al een van de belangrijkste ontmoetingsplaatsen. Men kondigde hier binnengeloodste schepen aan, nam politieke beslissingen en handelde zaken op amoureus gebied af. Het rode pluche, het donkere hout, de exotische schilderijen en de glanzende spiegels schiepen toen al de knusse sfeer die Venetianen en reizigers nog steeds in Florian zoeken. Het café heeft de eeuwen kunnen overleven. Nog steeds is het terras aan de zuidelijke galerij van het San Marcoplein een van de meest sfeervolle van de stad. Buiten speelt meestal een orkestje.
Op het plein werkt een groot aantal fotografen die graag toeristen 'kieken'. Ze opereren uiterst charmant. De een geeft voorbijgangers, die dat toelaten, vriendelijk een handje maïs. Terwijl daar een gigantische hoeveelheid duiven op afkomt, klikt de ander de foto. Pas dan maken ze op besliste toon duidelijk dat de maïs 5000 lire kost, 'maar neemt u de foto erbij, dan kost het geheel maar 15.000 lire, oftewel *f* 17,50.' Verrassend eerlijk vertellen ze ons dat acht van de tien mensen in ieder geval de maïs betalen. En dat de kosten daarvan en van de foto gewoon afhangen van hun taxatie van de welvaart van de toerist. 'De prijs varieert tussen de 10.000 en 40.000 lire,' bekennen de twee met een ondeugende lach. Wanneer ik ze ongemerkt, naar ik hoop, gadesla, hebben ze de ene na de andere toerist aan de haak. De meesten betalen inderdaad grif het gevraagde bedrag. Ze zijn tenslotte op vakantie.
Campanile di San Marco (5) torent ruimschoots uit boven de overige bebouwing van het San Marcoplein. De Campanile betekent voor de Venetianen hetzelfde als de Big Ben voor de Engelsen. Begrijpelijk dat het instorten

van de duizend jaar oude toren in 1902 de gemoederen stevig in beweging bracht. Het stadsbestuur besloot de toren snel weer op te bouwen zoals hij was. De nieuwe versie werd tonnen lichter dan de ingestorte, zodat de drassige ondergrond het gevaarte ditmaal wel langer dan duizend jaar kan dragen. De toren is van enkele moderne gemakken voorzien, zoals een lift. Boven heeft u een geweldig uitzicht. Bij mooi weer eindigt de horizon pas bij de besneeuwde Alpen.

Wanneer de Piazza, het grote plein, volgens Napoleon de salon was, dan moest de *Piazzetta di San Marco* (6) de vestibule zijn. Aan de kant van de lagune staan twee hoge zuilen van graniet, die de Venetianen destijds roofden in Constantinopel of Syrië. Boven op de ene zuil staat St.-Theodorus, de oorspronkelijke schutspatroon van de stad. Op de ander prijkt de bekende Venetiaanse gevleugelde leeuw, het symbool van de Venetiaanse republiek. Volgens een Venetiaans bijgeloof is het af te raden tussen de twee zuilen door te lopen: dat betekent een zekere dood. Vroeger werden hier de vijanden van de republiek terechtgesteld. Toeristen lopen hier doodgemoedereerd doorheen, maar geen Venetiaan zal zich daaraan wagen.

Aan de linkerkant van de zuilen is, vanaf het water gezien, de *Libreria Vecchia* (7). Dit is de oude bibliotheek uit de 16e eeuw van architect Jacopo Sansovino.

Aan de rechterkant staat het *Dogenpaleis* (8), de regeringszetel van de Republiek Venetië en tevens het woonhuis van de meeste dogen. De republiek heeft er maar liefst 76 gekend.

Negen eeuwen geleden werd het in de Byzantijnse stijl gebouwd. Vijf eeuwen later kreeg het een luchtiger aanzien, omdat het werd verbouwd in de gotische stijl. Na grote branden paste men het steeds weer aan de smaak van de tijd aan. Daarom bezit het paleis ook renaissance-invloeden.

Op het binnenhof vindt u de 'Scala di Giganti', de reu-

zentrap. Toeristen worden meestal geleid langs de wat eenvoudigere 'Scala d'Oro'.
Bovenin zijn de woonvertrekken van de doge en de kantoren van de handelsondernemingen. Een van de meest indrukwekkende ruimten is de vergaderzaal van de Raad van Tien, het rechtscollege. Hier hangt een aantal bijzondere doeken van Paolo Veronese, zoals 'De roof van Europa'. Maar de mooiste zaal is de 'Sala del Maggior Consigli'. De zaal van de Grote Raad. Eens kwamen hier de inwoners van Venetië persoonlijk hun doge kiezen. Maar dat was in de prille beginperiode, toen de republiek maar enkele duizenden inwoners telde en nog zeer democratisch werkte. Al snel maakten de edelen de dienst alleen uit. Verder genoten duizenden mensen hier tegelijkertijd van gigantische banketten. Achter de zetel van de doge hangt een van de grootste schilderijen ter wereld: 'Het Paradijs' van Tintoretto. Hij schilderde dit op zeventigjarige leeftijd.
Ook zien we hier de portretten van alle 76 dogen, behalve dat van Marin Faliero. In plaats van zijn portret is alleen een zwarte doek te zien met de mededeling dat deze 14e-eeuwse doge hoogverraad pleegde en terechtgesteld is. Op de derde verdieping vinden we de Sala della Milizia da Mar. Het plafond is in 1577 beschilderd door Tintoretto. Het onderwerp is de stichting van de stad. Deze mythische versie toont de god Jupiter, die Venetië door de Adriatische Zee naar de lagune loodst. De volgende ruimte is de Sala del Collegio, waar de edelen elkaar informeel ontmoetten en waar diplomaten ontvangen werden. Vlakbij is ook de Sala della Bussola, met bussen waarin de post werd gedeponeerd. In een van de volgende kamers is een uitgebreide verzameling wapens. Het grootste deel daarvan is buitgemaakt op vijanden.

Zeer de moeite waard is ook de nabijgelegen *San Marcokerk* (9). In deze kerk werden de dogen gekroond. Zij fungeerde tevens als hun huiskapel. De eerste versie van de kerk werd al in 830 gebouwd, in de eerste plaats om het stoffelijk overschot van St.-Marcus, dat twee Venetiaanse avonturiers in Constantinopel hadden gestolen, te herbergen.

Bijna alles wat in de San Marcokerk te zien is, heeft Venetië ergens geroofd, met name in de hoofdstad van het vroegere keizerrijk Byzantium, het huidige Istanbul. Zelfs de meeste van de 2463 pilaren van de kerk zijn ouder dan Venetië zelf. Wie oplet ziet dat geen twee pilaren hetzelfde zijn. Ook de vier grote paarden op het dak komen van verre. Zij stammen wellicht uit de 4e eeuw v.C., maar misschien ook van later datum, en sierden eens het Hippodroom in Constantinopel. Zelfs veel mozaïek uit de kerk behoorde bij de oorlogsbuit. Maar liefst 4000 vierkante meter van de gewelven en binnenmuren is daarmee bedekt. Alleen in de Monreale op Sicilië is meer mozaïek te vinden.

De San Marcokerk is in principe, net als de andere Venetiaanse kerken, open wanneer het buiten licht is. Maar men heeft liever niet dat tijdens de kerkdienst toeristen rondlopen. Sommige delen van de kerk zijn maar enkele uren per dag toegankelijk. De openingstijden kunnen sterk wisselen. Dat geldt bijvoorbeeld voor de Pala d'Oro en de schatkamer. De Pala d'Oro is het gouden altaarstuk. De buitenkant bestaat nog steeds voornamelijk uit louter goud en edelstenen. Eens, voordat Napoleon het liet plunderen, was het nog rijker voorzien van parels, granaatstenen, saffieren, smaragden en robijnen. Overigens waren de Venetianen uiterst verontwaardigd over deze roof, net als over Napoleons diefstal van de vier bronzen vergulde paarden uit de oudheid. In 1815 lukte het de Venetianen om dit weer van de Fransen terug te krijgen. Wanneer de oorspronkelijke bezitters van de inhoud van de San Marco, onder wie de Turken en de Grieken, hun bezit zouden terugeisen, zou er van de kerk weinig overblijven.

Aan het San Marcoplein ligt het *Museo Civico Correr* (10), het Venetiaanse stadsmuseum. Het bevat een prachtige collectie kunst- en gebruiksvoorwerpen die te maken hebben met Venetië. Ze zijn verzameld door Teodoro Correr, een Venetiaanse aristocraat, die zijn verzameling in 1830 aan de stad schonk. Op de eerste verdieping bevinden zich alledaagse gebruiksvoorwerpen en kunstwerken uit de tijd van de republiek. Achter de loggia vindt u fresco's van Giuseppe Borsato en vlakbij sculpturen van Antonio Canova, waaronder een beeldengroep van terracotta getiteld *Eros en Psyche*. De maker Canova was de belangrijkste vertegenwoordiger van de neoclassicistische stijl. Daarna draait het vooral om tal van zaken die meer *down to earth* de geschiedenis belichten, zoals munten, een grote wapenverzameling en oude documenten die verhalen over feesten in Venetië. De tweede verdieping herbergt een prachtige verzameling schilderijen van Venetiaanse, Vlaamse of Duitse meesters. De nadruk ligt terecht op de Venetiaanse schilderkunst. Tussen de 13e en 16e eeuw kende deze een vrijwel ongeëvenaarde bloeitijd. Vrijwel geen stad ter wereld kan bogen op zoveel meesters. Denk maar aan Tintoretto en Titiaan. In het museum vinden we ook grootheden zoals Paolo Veniziano met Byzantijnse kunst. Zeer de moeite waard is ook de kamer die geheel is gewijd aan het werk van de Bellini's, zoals een schilderij van Maria met kind. Beroemd is verder Carpaccio's schilderij 'Courtisanes'. Hetzelfde geldt ook voor de Madonna met Kind van Lorenzo Lotto, aan het eind van de rondleiding. Daarboven vinden we een museumpje-in-een-museum, namelijk Museo del Risorgimento. Dit is geheel gericht op de Venetiaanse geschiedenis na de republiek.

Loop daarna door de Salizzada San Moisè, vol met winkels met de betere merken, en volg vervolgens de Calle Larga Marzo XXII, die in het verlengde ligt. Zo komt u uit op het Campo Santa Maria del Giglio. Aan de noordkant staat de *Santa Maria del Giglio-(Zobenigo)kerk* (11).

De façade van deze kerk werd in de tweede helft van de 17e eeuw door Sardi gedecoreerd. Opmerkelijk is dat het reliëf daarin halve zeeslagen laat zien. Deze aanblik kreeg de kerk op nadrukkelijk verzoek van de sponsor van het project. Dit was de Dalmatiër Barbaro, die dertigduizend dukaten op tafel legde voor de restauratie. Binnen in de kerk vindt u een schilderij van Tintoretto over een aantal evangelisten. En daarnaast hangt een Maria met Kind en Johannes van Rubens.

Loop langs het water in noordelijke richting naar Campo San Angelo. Onderweg ziet u aan de overkant van het water het beroemde muziektheater *La Fenice* (12). Het werd aan het eind van de 18e eeuw gebouwd door Antonio Selva. Dit is een van de mooiste en beroemdste muziektheaters van de wereld. Het beleefde tal van premières van beroemde inwoners van Venetië, zoals Verdi en Monteverdi. Helaas werd het theater in 1996 door een brand volledig verwoest. De laatste verwachtingen zijn dat het eind 1999 wordt heropend. U kunt het theater uiteraard het beste bekijken tijdens een voorstelling. Die zijn er buiten de zomermaanden meermalen per week.

Volg vanaf Campo San Angelo de Calle della Mandola en neem de eerste straat links, dan komt u uit bij Palazzo Fortuny.

Museo Fortuny (13) is gevestigd in het mooie gotische, gelijknamige palazzo. Hierin leefde Mariano Fortuny tot halverwege deze eeuw. Hij was een bekend modeontwerper, schilder, architect, vormgever, uitvinder en fotograaf. Te midden van excentrieke draperieën, schilderijen en oriëntaalse siervoorwerpen uit de vorige eeuw is het werk van deze veelzijdige kunstenaar te zien, maar daarnaast zijn er vaak tentoonstellingen met een bepaald thema van vele fotografen en kunstenaars.

Vervolgens gaat de tocht terug via de Calle Della Mandola en Campo San Angelo naar Campo San Stefano. Loop in dezelfde richting terug naar het Canal Grande. Hier ziet u, als het goed is, de houten Accademiabrug uit 1932. Aan de andere kant arriveert u in de wijk Dorsoduro bij de *Gallerie dell'Accademia* (14). Dit museum betekent net zoveel voor Venetië als het Rijksmuseum voor Amsterdam. Bijzonder is dat de Accademia voor een deel is gevestigd in een kerk, maar toepasselijk daarnaast ook in een scuola, waar ook vroeger al kunstverzamelingen werden ondergebracht. De naam daarvan was Scuola La Carità. Deze stamt uit halverwege de 18e eeuw. In 1807 werd de Accademiagalerie opgericht. Deze had een dubbele functie. Enerzijds ging het om het bewaren van alle kunstwerken uit de tijd van de republiek uit regeringsgebouwen, scuole en kloosters die hun poorten moesten sluiten in de nadagen van de republiek. Verder is ook veel kunst afkomstig uit particuliere collecties van families die in vorige eeuwen fortuinen spendeerden aan kunst. Anderzijds stichtte men de Accademia om schilderijen die navolging verdienden te tonen aan de studenten van de gelijknamige Kunstacademie. Pas in 1817 werd de collectie echt opengesteld voor het publiek.

Geen museum in de wereld bezit zo'n grote verzameling Venetiaanse meesters als de Accademia. Iedere Venetiaanse schilder van naam is aanwezig met meerdere doeken. De opbouw is chronologisch. De bezoeker ontmoet eerst de doeken uit de prille Venetiaanse schilderkunst van Paolo en Lorenzo Veneziano. De 15e eeuw wordt vertegenwoordigd door Giovanni Bellini en Carpaccio. De aanwezige 16e-eeuwse schilders zijn Giorgione, Tintoretto, Titiaan, Bassano en Lorenzo Lotto en Veronese. Een van de schilderijen die vrijwel iedereen wil zien is 'Het gastmaal bij Levi', van Veronese, een gigantisch groot doek dat vrijwel de gehele wand van zaal X in beslag neemt. Aanvankelijk was de titel 'Het Laatste Avondmaal', maar dit meesterwerk wekte de toorn op van het Vaticaan, omdat er ook dwergen, dronken Germanen en narren op waren afgebeeld. Veronese loste de zaak elegant op door het schilderij een andere naam te geven. Verder is het 17e- en 18e-eeuwse werk goed vertegenwoordigd in het museum. Met name het werk van Tiepolo, Piazzetta, Longhi en Rosalba Carriera. Verder zijn ook meesterstukken van Leonardo da Vinci en Canaletto aanwezig.

In de buurt van de Accademia zijn veel leuke terrassen en restaurants die worden gefrequenteerd door een studentikoos artistiek publiek.

Wilt u graag een extra museum zien, geheel gewijd aan de 18e eeuw, volg dan het Canal Grande zo'n honderd meter terug, in westelijke richting. Daar vindt u het *Museo del Settecento* (15), dat gevestigd is in het Palazzo Ca'Rezzonico, aan het Canal Grande. Het pand is in de 17e eeuw ontworpen door architect Longhena.

In het museum wordt volop duidelijk hoe de rijke aristocratische Venetianen leefden in de 18e eeuw. Ook het palazzo waarin het museum is gevestigd, maakt dat duidelijk. Het gebouw zelf is redelijk authentiek, dat geldt bijvoorbeeld voor het trappenhuis dat leidt naar de grote balzaal. Deze bevat prachtige schilderingen van Crosato. Verder vindt u hier fresco's van G.B. Tiepolo en schilderijen van Francesco Guardi en Pietro Longhi. Op de derde verdieping is een poppentheater.

Ga linksaf bij de Accademia via de Calle Nuova Sant'Agnese aan de linkerkant. Steek de brug over en sla vervolgens de Calle della Chiesa in, volg vervolgens de Fondamenta dei Leoni. Hier vlakbij zijn prettige wijnbars en een paar leuke restaurantjes. Sla vervolgens linksaf bij de Calle San Cristoforo. Hier is de entree van het Peggy Guggenheimmuseum.

Het *Guggenheimmuseum* is gevestigd in het Palazzo Venier dei Leoni, dat al van grote afstand te herkennen is. Vanaf het water valt het op, omdat de bomen uit het park boven het paleis uitsteken. De bovenverdiepingen zijn nooit afgebouwd. Het paleis herbergt een van de grootste privé-collecties internationale moderne kunst die ooit

zijn verzameld. Ze zijn bijeengebracht door de Amerikaanse Peggy Guggenheim, die het palazzo in 1949 kocht om haar schilderijen een waardige plaats te geven. Ze ging er wonen en begon er een kunstgalerie. Zij was een excentrieke persoonlijkheid. Dat geeft een bezoek aan haar museum een extra dimensie. Bijvoorbeeld vanwege de grafsteen in de tuin met de tekst: 'Here lie my beloved babies.' Hier liggen de veertien schoothonden die Guggenheim tijdens haar Venetiaanse verblijf gezelschap hielden. Guggenheim was een graag geziene gast binnen de Venetiaanse *beau monde*. Men noemde haar 'de laatste dogin', zeker toen ze een paar jaar voor haar dood, in 1976, haar collectie, op dat moment de belangrijkste particuliere verzameling moderne kunst in Italië, aan de Solomon R. Guggenheim Foundation uit New York doneerde, op voorwaarde dat de collectie altijd voor Venetië behouden zou blijven.
In de huidige collectie is zo ongeveer de hele surrealistische avant-garde uit de eerste helft van onze eeuw vertegenwoordigd, bijvoorbeeld Kandinsky, Klee, Pollock en vooral ook werken van Max Ernst, een van de echtgenoten van Peggy Guggenheim.
De tuinen zijn zeer de moeite waard vanwege alle prachtige sculpturen.

Canal Grande

Venetië is een stad waar het wandelen vaak wordt gecombineerd met varen. De meeste openbare stadsboten, de *vaporetti*, varen op het Canal Grande. Geen stad ter wereld bezit een verkeersader die in de verste verte lijkt op het Canal Grande van Venetië. Deze Venetiaanse koningin van de kanalen heeft een soortgelijke functie als de belangrijkste straat of weg van een stad.
Het 'Grote Kanaal' slingert zich als een gespiegelde S door

de stad. Van oorsprong was dit 30 tot 70 m brede, 3,5 km lange kanaal de doorgang voor de vaartuigen van de kooplieden op weg naar de Rialtomarkt. Deze kooplieden toonden graag hun rijkdom langs hetzelfde 'Canalazzo' door een paleis te bouwen dat de andere naar de kroon stak.
In de bloeitijd van de republiek was ieder zeer onder de indruk van de oosterse stijlvormen. Daarom ogen grote delen van het Canal Grande als een oosters sprookje in Italië. Niet alleen de palazzo's, waarin Byzantijnse stijlvormen overheersen, overleefden de eeuwen vrijwel ongeschonden, dat geldt ook voor de jongere paleizen gebouwd in de gotische, Lombardijnse, renaissancistische of barokke stijl of een mix daarvan. Het Canal Grande telt maar liefst 200 palazzo's die hier tussen de 12e en de 18e eeuw verschenen. Het bijzondere is dat ze zij aan zij staan. Vrijwel nergens is de bebouwing jonger dan de 18e eeuw. Ook al zijn er onderling stijlverschillen, ze bezitten vrijwel allemaal een soortgelijke indeling. De hoofdingang is aan de waterkant bij de steiger voor de gondels. De benedenverdieping functioneert naast de hoofdentree ook als opslagplaats voor de koopwaar. Boven de benedenverdieping is de 'piano nobile', een ruimte die functioneerde als balzaal en die de hele verdieping beslaat. In de daarboven gelegen verdiepingen bevinden zich de woonvertrekken. Als uitsluitend in een paar van die ruimten licht brandt, dan is de kans groot dat het pand niet functioneert als appartementengebouw, museum, kantoor of hotel, maar dat er net als vroeger gewoon een familie woont: vaak nazaten van diegenen die het palazzo eens bouwden.
Dit alles kunt u op enkele plaatsen lopend bezichtigen, bijvoorbeeld bij een klein stukje kade bij de Rialtobrug, of anders vanaf de bruggen bij de Accademia of Cannaregio. Dit zijn bovendien perfecte plekken om te zien wat er allemaal vaart op het Canal Grande. Dat is zo ongeveer alles wat in Nederland langsrijdt: de groenteman, de aan-

nemer, de timmerman, de wasserette, de vuilnisman, noem maar op. Daartussen pagaaien de gondels en snellen regelmatig de brandweer-, politie- en ambulanceboten met loeiende sirenes. Verder zigzaggen hier al die vaporetti doorheen, met de vele toeristen en bovendien 20.000 Venetiaanse forenzen. Aanvaringen komen slechts zeer zelden voor.

Wie niet de boten, maar de panden goed wil zien, neme de boot. De gondel is het meest geschikt, maar de vaporetto vormt een goed alternatief. Lijn 4 en 1 bevaren het gehele Canal Grande. Voor sightseeing is lijn 1 het meest geschikt. De boot vaart relatief langzaam door het kanaal en legt aan in de buurt van alle belangrijke bezienswaardigheden. De aanlegsteigers bevinden zich vaak voor musea en bijzondere kerken.

Voor de onderstaande beschrijving vormen de stopplaatsen van lijn 1 het oriëntatiepunt. De genoemde letters corresponderen met de letters A tot en met M op de overzichtskaart op de binnenzijde van het omslag. De vele bezienswaardigheden langs het Canal Grande worden kort aangestipt. Nadere informatie over deze bezienswaardigheden vindt u bij de bijbehorende wijken. Het noordelijke deel van het Canal Grande is nader beschreven bij Cannaregio en San Polo en het zuidelijke deel bij San Marco en Dorsoduro.

Ferrovia (A)

Vlak bij de vaporetti-halte bij het station, Santa Lucia genaamd, prijkt de *Scalzikerk* (1), tussen 1660 en 1689 gebouwd door de beroemde architect Longhena. De façade is van Giuseppe Sardi.

R. di Biasio (B)

Aan de overkant hiervan ziet u de ronde koepel van de San Geremiakerk en aan hetzelfde plein, enigszins verscholen achter een tuin, staat het *Palazzo Labia* (2). Het palazzo van de familie Labia, een van de rijkste Venetiaanse geslachten in de 18e eeuw. Uit dezelfde eeuw stamt het palazzo.

San Marcuola (C)

Aan de overkant van deze halte ziet u de *Fondaco dei Turchi* (3). Dit gebouw is een van de oudste van Venetië; het stamt uit de 13e eeuw. Het dankt zijn naam aan de Turkse kooplieden die hier zowel woonden als werkten in de 17e en de 18e eeuw. Tegenwoordig huisvest het gebouw het Museo di Storia Naturale.

Rechts van de halte ziet u *Palazzo Vendramin-Calergi* (4). Dit grijsgetinte palazzo is te herkennen aan de grote omheinde tuin aan het water. Volgens velen is het een van de mooiste voorbeelden van de renaissance-architectuur in Venetië.

San Stae (D)

Als de boot vaart mindert, ziet u aan de kant van deze halte het zwart uitgeslagen *Ca'Pesaro* (5). Dit is een van de grootste en meest vierkante palazzo's uit de omgeving. In dit barokke paleis, van architect Longhena, woonde generaties lang de familie Pesaro. Nu zijn er twee belangrijke musea in te vinden, een daarvan is gespecialiseerd in oriëntaalse kunst en de andere in de moderne kunst. Het bevat onder meer werken van Matisse, Chagall en Klimt.

Ca'd'Oro (E)

Deze halte ligt pal naast het gelijknamige palazzo *Ca'd'Oro* (6). Het is te herkennen aan de onderste verdieping vol met Arabische bogen en aan het dak met versieringen die op kantelen lijken. Volgens velen is dit het beroemdste paleis van het Canal Grande omdat de Venetiaanse gotiek hierin zo mooi is gecombineerd met oosterse stijlvormen. Mario Contarini gaf het paleis tussen 1421 en 1440 zijn huidige uiterlijk. De beelden van de voorgevel waren oor-

Tip

Een van de meest spectaculaire evenementen in Venetië is de *Historische Regatta*. Deze wordt altijd tijdens de eerste zondag in september gehouden. Dit festival toont het grootste aantal historische boten en kostuums van het jaar. Tijdens dit festival herdenkt men de legendarische redding van Venetiaanse bruiden uit de handen van piraten. Dit gebeurt onder meer door middel van een processie van boten en gondels over het Canal Grande.

spronkelijk voorzien van echt bladgoud. Daaraan dankt dit palazzo zijn naam Ca'd'Oro, hetgeen 'gouden huis' betekent. Sinds 1916 herbergt het Ca' d'Oro de kunstverzameling van baron Franchetti, die vele beroemde kunstwerken van Carpaccio, Mantegna en Titiaan bevat.

Ponte di Rialto/Rialtobrug (F)

Ponte di Rialto (7) is de mooiste brug van Venetië en mogelijk een van de meest bijzondere in Italië. De architect van de 16e-eeuwse brug vergaarde er zoveel roem mee, dat hij zijn achternaam wijzigde in Da Ponte, wat 'Van de Brug' betekent. De Rialtobrug was tot de aanleg van de Ponte dell'Accademia de enige brug over het Canal Grande. Tegenwoordig worden er nog steeds volop zaken gedaan rondom de brug. U vindt hier niet alleen veel winkels, maar ook de grootste markten van Venetië: de *Erberia*, waar voornamelijk groenten en levensmiddelen worden verkocht, en de *Pescheria*, de vismarkt. De markten zijn iedere dag geopend, behalve op zon- en feestdagen.

San Silvestro (G)

Palazzo's Farsetti en Loredan (8). In beide paleizen is het stadhuis gevestigd. U ziet ze tegenover de halte San Silve-

stro. Ze stammen beide uit de 13e eeuw en zijn te herkennen aan hun zalmkleur en hun eerste verdieping vol Byzantijnse bogen.
Op vrijdag en zaterdag heeft u hier grote kans om stellen letterlijk en figuurlijk in het huwelijksbootje te zien stappen. Ze zitten in gondels met een groot wit kleed en zijn versierd met bloemen. Deze worden door één, of nog sneller, door twee gondeliers voortbewogen. Overigens geeft een toenemend aantal West-Europese stellen, waaronder uit Nederland, elkaar hier het jawoord. De reden: op de aardbol is vrijwel geen mooier stadhuis te vinden, een palazzo gelegen aan het Canal Grande. Daarbij komt dat hier vrijwel altijd plaats is op de gewenste datum, ook als u binnen een paar weken op zaterdag wilt trouwen, en het kost bovendien minder. De trouwzaal biedt door grote ramen, en een balkon met openslaande deuren, een geweldig uitzicht op het Canal Grande. De ruimte is ingericht met authentieke, eenvoudige 18e- en 19e-eeuwse meubels. Er is maximaal plaats voor zo'n dertig personen. Voor de Venetianen is dat geen probleem, want voor hen is het stadhuis bijzaak, alleen het huwelijk in de kerk telt voor hen. Voor diegenen die hun halve familie en vriendenkring op sleeptouw nemen, is dit wat krap. 'Maar de meesten,' zo vertelt woordvoerster Renata Carelli van de burgerlijke stand, 'komen met zijn tweeën en huren dan getuigen in.'
De toespraken kunnen zowel in het Frans, Duits of Engels worden gehouden en men probeert rekening te houden met folkloristische gebruiken uit het land van herkomst. Wie vervolgens ook in de kerk wil trouwen, kan kiezen uit een aantal kerken met Engels-, Duits- of Franssprekende priesters of dominees.

Nephuwelijk In Venetië kun je je echt in de echt laten verbinden, maar ook doen alsof. Het organisatiebureau Giuliana Armani dat trouwerijen voor buitenlanders facilitair verzorgt, wordt in toenemende mate benaderd door stellen die bijvoorbeeld hun eigen huwelijk voor de grap over willen doen of die juist willen proefdraaien. Armani toont foto's van een stel dat compleet met neppriester en plastic ringen elkaar in een gondel het jawoord geeft. Ook fake-huwelijken, compleet met kleding, decor en lokatie uit de 18e eeuw behoren tot de mogelijkheden. Vooral onder Japanners is dat laatste een rage. Misschien zien zij zo graag dat een vakantie wordt gecombineerd met een huwelijk, omdat een huwelijksreis voor velen in dit land van workaholics nu eenmaal de enige legitieme reden is om op vakantie te gaan.

San Angelo (H)

Een paar palazzo's voorbij deze halte staat het *Palazzo Pisani-Moretta* (9). Het heeft een donkere zalmkleur en twee deuren naast elkaar bij het water, met Byzantijnse vormen. Dit is een van de weinige paleizen waaraan niets is verbouwd aan de gevel. Het is bovendien een van de weinige die nog worden bewoond door familie van diegenen die het palazzo in de Middeleeuwen lieten bouwen.

San Tomà (I)

Drie palazzo's voorbij de kerk van San Tomà ligt het *Palazzo Balbi* (10), een van oorsprong wit renaissancepaleis, gebouwd door Alessandro Vittoria aan het eind van de 16e eeuw. Sinds het begin van de jaren zeventig is de regionale overheid erin gevestigd.

Ca'Rezzonico (J)

Het gelijknamige palazzo bij de halte is in de 17e eeuw ontworpen door architect Longhena. Het pand herbergt het *Museo del Settecento* (11). Dit museum is geheel gewijd aan het 18e-eeuwse Venetië. Duidelijk is dat talrijke Venetianen zich in die tijd in grote weelde wentelden.

Accademia (K)

De *Accademia* (12) is het belangrijkste museum van Venetië. Hier vindt men de grootste collectie Venetiaanse meesters ter wereld, zoals werken van Giovanni Bellini, Gentile Bellini, Carpaccio, Giorgione, Tintoretto, Titiaan en Veronese. De vele leuke terrassen en restaurants in de buurt zijn beslist de moeite waard.

Santa Maria del Giglio (L)

Wanneer de boot vaart mindert om te stoppen bij deze halte, dan ziet u aan de overkant het *Peggy Guggenheimmuseum* (13). Het Guggenheimmuseum is gevestigd in het Palazzo Venier dei Leoni, een gebouw dat opvalt omdat de bovenverdiepingen nooit zijn afgebouwd. De familie Venier vond dat zij zo voldoende ruimte had. Ook in andere opzichten was deze familie anders dan andere, bijvoorbeeld vanwege de leeuwen die in de tuin rondliepen en waaraan het paleis zijn naam dankt. Verder is het te herkennen aan het opmerkelijke terras voor het paleis met een bijzonder standbeeld genaamd 'Engel van de Citadel'. Het beeld heeft een afschroefbare fallus, die in vroeger tijden tijdelijk in de la verdween tijdens een bezoek van de kardinaal van Venetië.
De huidige kunstcollectie omvat werk van vrijwel de hele surrealistische avant-garde uit de eerste helft van onze eeuw, zoals Kandinsky, Klee, Pollock en Max Ernst, is zeer de moeite waard. De tuinen zijn eveneens interessant vanwege alle prachtige sculpturen.

Santa Maria della Salute (M)

De 'basilica' *Santa Maria della Salute* (14) met haar grote ronde koepels is een van de herkenningspunten van Venetië. De basiliek werd in 1630 door Longhena gebouwd om de heilige Maria ertoe te bewegen de pestepidemie te beëindigen. Deze 'zwarte dood' had een derde deel van de stadsbevolking weggevaagd.

Cannaregio en San Polo

Cannaregio is de meest noordelijk gelegen wijk van de stad. Het is niet alleen de grootste qua oppervlakte, maar ook de meest authentieke wijk van de stad. Circa een derde deel van de Venetiaanse stadsbevolking woont hier. Velen van hen verdienen hun brood binnen andere sectoren dan het toerisme.

Dat het dagelijks leven er gewoon zijn gangetje gaat, is te merken aan al die verstilde pleinen waar na het avondeten nog pantoffelparades worden gehouden. Meegenomen is dat daarnaast nog overal de sporen van het rijke verleden zichtbaar zijn. Aan de verstilde pleintjes en kades staan prachtige palazzo's, bijzondere kerken of huizen van grote schilders, zoals Titiaan of Tintoretto. Een bezoek waard is zeker ook het joodse *Ghetto* met laatmiddeleeuwse synagogen en de oudste wolkenkrabbers ter wereld. Vlakbij heeft u het wellicht mooiste uitzicht op de lagune dat men vanaf de stad zelf kan hebben. In Cannaregio laat het Canal Grande zich zien van een verstilde en hier en daar wat vervallen kant. Vooral hier is het mysterieuze te vinden dat Venetië als geen andere stad kenmerkt.

Cannaregio is een perfecte wijk om te logeren als u een goede prijs-kwaliteitverhouding wenst binnen de midden- en eenvoudiger klasse. Vooral in de buurt van het station zijn veel, voor Venetiaanse begrippen, redelijk geprijsde hotels te vinden. Via de winkelstraat tussen het station en de Rialtobrug bereikt u stegen en zijstraten waar na enkele tientallen of honderden meters lopen vaak een restaurant opduikt waar voornamelijk Italianen eten, wat altijd een goed teken is. Meegenomen is dat de rekening hier vaak niet hoger uitvalt dan in de eenvoudige restaurants in andere Italiaanse steden. Dat geldt weer niet voor de restaurants met terrassen vlak bij het station, langs het

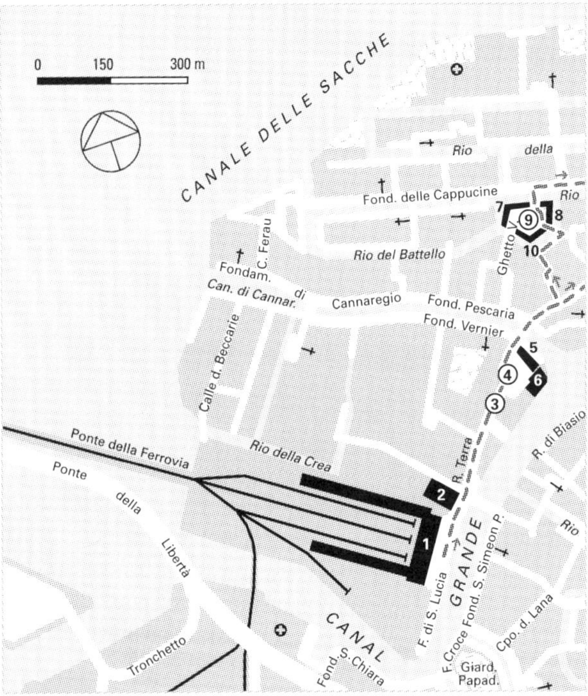

Cannaregio en San Polo

1 S. Luciastation
2 Scalzikerk
3 Lista di Spagna
4 Campo San Geremia
5 Palazzo Labia
6 S. Geremiakerk
7 Joodse Ghetto
8 Scuola Levantina en Scuola Spagnola
9 Campo del Ghetto Nuovo
10 Museo d'Arte Ebraica/Museo Comunità Israelitica
11 Campo dei Mori
12 Madonna dell'Orto
13 Mastellipaleis
14 Scuola en Abbazia della Misericordia Nuova
15 Gesuiti
16 Ca' d'Oro
17 Palazzo Vendramin-Calergi
18 Ponte di Rialto (Rialtobrug)
19 Erberia
20 Pescheria
21 Fondamenta della Tette
22 Campo San Polo
23 San Polokerk
24 S. Maria Gloriosa dei Frarikerk
25 Scuola Grande di San Rocco

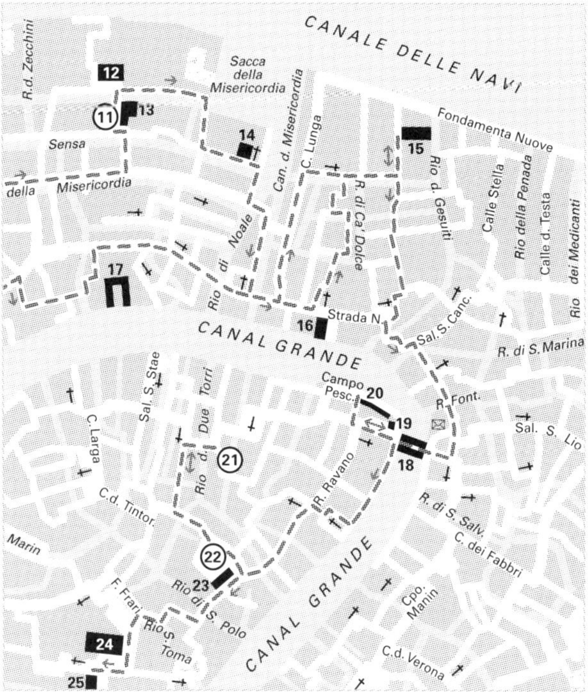

Canal Grande. Maar deze zijn nog altijd een stuk vriendelijker geprijsd dan die in het meer toeristische deel van de stad, bij het San Marcoplein. Bovendien bieden ze een summum aan Venetiaanse sfeer. Een groot aantal gondels en taxiboten trekt voorbij. Aangenaam is dat twee van de vier bruggen die het Canal Grande overspannen, vlakbij zijn. Perfect om alles van dichtbij gade te slaan.
San Polo is weliswaar een van de kleinste wijken van Venetië, maar historisch en vooral zakelijk gezien zeker een van de belangrijkste. In San Polo ontstond de stad in de hooggelegen, directe omgeving van de Rialtobrug. Later werd dit een van de belangrijkste zakencentra en finan-

ciële centra van Europa. Er bestond in de vroege Middeleeuwen in deze destijds rijkste stad ter wereld zelfs al een soort effectenbeurs. Tevens bezaten de banken al een bankgirosysteem. Het zakenleven bleef er floreren, zij het veel bescheidener. U vindt er veel winkels, waaronder eeuwenoude bakkerijen en restaurants, en twee markten die al bijna een millennium lang functioneren.
Het oostelijk deel van San Polo, aan de kant van het station, is veel rustiger. Hier zijn de palazzo's en de overige huizen wat bescheidener van omvang. In dit deel staan twee van de interessantste bezienswaardigheden van de stad, namelijk de Santa Maria Gloriosa dei Frarikerk en de Scuola Grande di San Rocco.
Velen betreden Cannaregio vanaf het *Santa Luciastation* (1). Dit is een van de mooist gelegen stations ter wereld. Het ligt bijna hartje centrum aan het beroemde Canal Grande. Meteen naast het station vindt u de *Scalzikerk* (2). Dit barokke gebouw is tussen 1660 en 1689 gecreëerd door de beroemde architect Longhena. De façade staat echter op naam van Giuseppe Sardi. Meer beroemde kunstenaars verleenden hun medewerking aan deze kerk, zoals G.B. Tiepolo. Aan de rechterkant van de kerk ziet u een van zijn fresco's, 'Gloria di Santa Teresa'. Een ander fresco is helaas voor een belangrijk deel vernietigd door een Oostenrijkse bom, die de kerk in 1915 voor de helft ruïneerde. De overblijfselen van Tiepolo's fresco zijn te zien in het museum de Accademia.
Volg het kanaal in de richting van de *Lista di Spagna* (3). Dit is het begin van een straat die doorloopt tot aan de Rialtobrug en in Cannaregio de status heeft van hoofdstraat. Deze straat, die onderweg een aantal malen van naam verandert, is onder meer vermaard om haar niet te dure winkels. Ook voor diegenen die geen interesse hebben voor shopping, is ze de moeite waard, alleen al omdat deze tal van schilderachtige pleinen doorkruist, bijvoorbeeld *Campo San Geremia* (4).

Aan dit plein staat het 18e-eeuwse *Palazzo Labia* (5). De familie Labia was een van de rijkste Venetiaanse geslachten in de 18e eeuw. Een van de Labia's die hier woonden, had de gewoonte om tijdens feesten gouden en zilveren borden naar buiten te gooien met de woorden: 'L'abbia o non l'abbia, sarò sempre Labia. Of ik ze nu heb of niet, ik blijf altijd een Labia.' Misschien inspireerde dit de kunstenaar Tiepolo om in de grote kamer van het palazzo een parodie te schilderen op het decadente leven van de aristocratie. Om dit enigszins te verhullen situeerde hij het geheel tijdens het leven van Cleopatra.
Aan de rechterkant van het Palazzo Labia ligt de *San Geremiakerk* (6). Deze aan Jeremias gewijde kerk uit de 18e eeuw is gebouwd op de grondvesten van een gelijknamige 13e-eeuwse kerk. Deze werd afgebroken om plaats te maken voor de spoorbaan. Het meest bijzondere aan deze, voor Venetiaanse begrippen nogal nieuwe kerk, zijn de overblijfselen van de Siciliaanse martelares, de heilige Lucia.
Verlaat vervolgens het plein via de Salizzada San Geremia in noordelijke richting, steek de Ponte delle Guglie over en sla linksaf bij het kanaal. Aan uw rechterkant ziet u dan Sottoportego del Ghetto, die leidt naar het Campiello delle Scuole, naar het Ghetto.
In het *joodse Ghetto* (7) vindt u de oudste wolkenkrabbers van de wereld. De zes verdiepingen hoge, scheve huizen zijn dwergen vergeleken bij de oudste 'skyscrapers' van New York. Maar een belangrijk verschil is dat de Venetiaanse voorlopers maar liefst anderhalve eeuw eerder zijn gebouwd. Een nijpend ruimtetekort vormde de aanleiding voor de bouw ervan. Halverwege de 17e eeuw woonden in deze kleine wijk ruim 5000 mensen op een oppervlakte van zo'n 200 bij 300 m. De wijk mocht niet worden uitgebreid en joden mochten tussen 1516 en 1797 op geen andere plek wonen dan in het Ghetto, een plek die vrijwel geheel is omsloten door water. Het idee om de

joodse bevolking af te schermen van de rest van de stad is van Venetiaanse oorsprong. Het woord 'getto' is eveneens afkomstig uit deze stad; het betekent 'gieterij'. Vroeger was het joodse Ghetto namelijk het terrein van de metaalgieterijen.
De wijk had twee toegangspoorten die 's avonds werden afgegrendeld. Geen jood kon dan de poort meer uit. Volgens een gemeentevoorlichter waren het de joden zelf die de poorten sloten en de bewaking betaalden. Deze versie is omstreden. Zeker is dat hun positie niet rooskleurig was, want pas tijdens het bewind van Napoleon kregen ze gelijke burgerrechten. Voor die tijd mochten ze geen huis in het Ghetto bezitten. Huren was de enige mogelijkheid. Veel joden die hier woonden of wonen stammen af van Italiaanse, Duitse en Spaanse joden die hier waren neergestreken in de gouden Middeleeuwen van de republiek om de bankzaken voor de Venetianen te verzorgen. In de Middeleeuwen was het katholieken namelijk verboden om rente te vragen voor het uitlenen van geld. De autochtone bevolking was niet filantropisch ingesteld en bood het daarom ook niet aan, terwijl er wel veel behoefte aan was in de stad. Verder leefden de joden van handel in tweedehands goederen. De joden mochten eeuwenlang, tot 1516, zelf bepalen waar ze in Venetië wilden wonen. Maar in de praktijk bleek dat sommige dogen hen verboden om langer dan een paar weken per jaar in de stad te verblijven. Dit laatste vormde een compromis met de katholieke autoriteiten in Rome, die moeite hadden met de kredietverlening. In het begin van de 16e eeuw kregen de katholieke puriteinen helaas meer invloed. Veel joden werden vervolgd in Noord-Italië en stroomden door naar Venetië. De stadstaat hoopte met de creatie van het Ghetto vooral te bereiken dat de stroom vluchtelingen zou indammen.
Het Ghetto is momenteel een van de armste wijken van de stad. Het is een vervallen, maar toch nog steeds schil-

Een van de vroegere losplaatsen van de rijke scheepsbuik uit het Oosten

Dogenpaleis: de andere trekpleister van het San Marcoplein

Terras bij de Accademia: geen museum bezit een grotere collectie Venetiaanse meesters

'O sole mio': Venetiaanser kan het niet

Varende stadsbus op het Canal Grande

Een stad vol terrassen

Het ambacht van Murano

derachtige wijk. De straten zijn smal en donker. Het geheel straalt iets melancholieks uit. Enerzijds vanwege de wetenschap dat zoveel mensen zo op elkaar gepakt woonden, anderzijds vanwege de vele problemen die de joden hier hebben gekend, vooral in de Tweede Wereldoorlog toen de halve joodse bevolking werd gedeporteerd naar vernietigingskampen. Dat de joden zich hier vaak niet echt veilig voelden, is ook te zien aan de mate waarin de vijf synagogen in de wijk werden verstopt. Ze vallen nauwelijks op en hebben smalle deuren. Na een smal gangetje door een woonhuis en een klein trappetje naar de eerste verdieping volgt een verrassing. De joodse godshuizen zien er prachtig en overdadig uit: veel kroonluchters en houtsnijwerk. Twee synagogen vindt u bijvoorbeeld aan het plein Campiello delle Scuole. Dit zijn de *Scuola Levantina* (8) en de *Scuola Spagnola.* Beide functioneren nog en zijn afkomstig uit de 16e eeuw. Alle synagogen worden hier overigens 'scuola' genoemd. Aan de andere kant van de brug vindt u *Campo Del Ghetto Nuovo* (9). Hier zijn de hoogste 17e-eeuwse wolkenkrabbers te vinden. Er zijn ook nog enkele synagogen op de bovenste verbinding van die woontorens, want elders was geen ruimte meer. Ze bevinden zich helemaal op de bovenste verdieping, want officieel mag er niets zijn tussen het godshuis en de hemel. U vindt hier de *Scuola Tedesca, Scuola Italiana* en de *Scuola Canton.* Aan hetzelfde plein staat het *Museo d'Arte Ebraica/Museo Comunità Israelitica* (10). Dit geeft een goede kijk op het joodse religieuze en culturele leven. Het museum organiseert ook rondleidingen langs een aantal synagogen. Een daarvan, de Tedesca, is via het museum te betreden.

In het Ghetto wonen nog een paar honderd joden. Voor hen, maar ook voor andere belangstellenden, zijn er nog tal van joodse winkeltjes, bijvoorbeeld van jiddische bakkers en koosjere slagers.

Verlaat het Ghetto in noordelijke richting door via de brug

Ponte del Ghetto Nuovo de Rio della Misericordia over te steken. Ga rechtsaf de Fondamenta degli Ormesini in en vervolgens rechtsaf bij de F. dei Mori en sla linksaf via de Calle dei Mori. Deze komt uit op de *Campo dei Mori* (11). Hier vindt u een intrigerend stukje Venetië-in-Venetië. Er woonden vroeger veel Arabische kooplieden. Dat is onder meer nog te zien aan de standbeelden uit de 13e eeuw van de Moorse broers Robia, Sandi en Afani. Deze kooplieden arriveerden in Venetië in 1112 en kozen de Italiaanse naam Mastelli. Een van de standbeelden van de Mastelli's staat voor het huis, nummer 3399, waar Tintoretto de laatste twintig jaar van zijn leven sleet.

Aan het eind van het plein, aan de Campo dell'Orto, vindt u de charmante kerk *Madonna dell'Orto* (12). Deze was twintig jaar lang de buurtkerk van Tintoretto en dat is gelukkig nog zeer duidelijk te zien. Deze gotische kerk, die deels uit 1397 stamt, bevat maar liefst tien schilderingen van de grote schilder, bijvoorbeeld 'De tempelgang van Maria', 'De aanbidding van het gouden kalf' en 'Het jongste gericht'. Dit is een van de beste plaatsen om het werk van Tintoretto te leren kennen. De schilder was zo gehecht aan deze kerk dat die zijn laatste rustplaats werd. Ook zijn kinderen zijn er later begraven.

Volg vervolgens het water in oostelijke richting via de Fondamenta G. Contarini. Aan de overkant van het water ziet u aan de rechterkant het *Palazzo Mastelli* (13). Dat deze eerder genoemde Arabische kooplieden hun herkomst niet verloochenden is onder meer te zien aan het reliëf waarin kooplieden hun zwaarbeladen kamelen volgen.

Blijf de Fondamenta G. Contarini verder volgen. Deze leidt naar het water van de lagune. U hebt daar een prachtig uitzicht op het eiland San Michele, het kerkhof van Venetië. Misschien ziet u wel een zwarte begrafenissloep op weg naar dit eiland. Achter San Michele kunt u misschien ook het eiland Murano zien. Dit is het eiland van de glasblazers.

Volg de lagune in zuidelijke richting via de Corte Vecchia en ga vervolgens links bij de Fondamenta Abbazia. Zo bereikt u een van de rustigste en mooiste pleinen van Venetië. Hier vindt u de *Scuola en Abbazia della Misericordia Nuova* (14). Eens was hier een klooster gevestigd. Die rust straalt het nog steeds uit. De kloosterlingen beschikten over een eigen scuola voor de kunsten. Eerst was deze in de Scuola Vecchia gevestigd, uit de 15e eeuw, en daarna in de Nuova Scuola, gebouwd door Sansovino in 1538. Het geheel schreeuwt om restauratie, zeker de fragmenten van kunstwerken die binnen in de Nuova Scuola te vinden zijn. Maar al met al heeft ze een bijzonder charme voor wie ervan houdt om in alle rust zelf mooie zaken te ontdekken.

Blijf vervolgens de lagune in oostwaartse richting volgen totdat u, ongeveer aan de overkant van de Scuola en Abbazia della Misericordia Nuova, de Santa Caterinakade tegenkomt. Ga daar rechtsaf tot aan Campo dei Gesuiti. Ook dit is zo'n verlaten, aantrekkelijk pleintje. Hier staat een bijzondere kerk, de *Gesuiti* (15). Volgens kenners is dit een van de mooiste barokke kerken van Italië. Een groot deel van het gebouw stamt uit de 12e eeuw. In de 17e eeuw kwam het in handen van de jezuïeten, die de kerk tussen 1715 en 1728 lieten verbouwen in de barokke stijl. Het interieur is overdadig, maar toch overzichtelijk. Marmer en wit- en goudkleurig stucwerk zijn veelvuldig toegepast. Opmerkelijk zijn de zoetige kleuren. De kerk oogt als een 18e-eeuwse feestzaal waar alles moet schitteren. Dat is bijzonder voor Venetië, dat altijd een zekere nuchterheid bewaarde. Verder is de kerk zeer de moeite waard vanwege een aantal bijzondere kunstwerken. Bijvoorbeeld van Titiaan, in de eerste kapel aan de linkerzijde, over het martelaarschap van St.-Laurentius.

Vanaf dit punt is er keuze uit een korte route naar het station via de wijk Cannaregio of een langere via de wijk San Polo. We beginnen met de kortere wandeling terug.

Korte route terug Een alternatieve route voert via de winkelstraat van Cannaregio, hier Strada Nuova genaamd, terug naar het station. Vermoedelijk ziet u, in de buurt van deze winkelstraat, al bordjes met daarop *Ferrovia* ('spoorwegen') naar het Venetiaanse station Santa Lucia. Een van de interessantste bezienswaardigheden die u onderweg tegenkomt, is het palazzo *Ca'd'Oro* (16) langs het Canal Grande, dat tevens te zien is via een smalle straat Ca'd'Oro, linksaf vanaf de Strada Nuova.

Volgens velen is dit het beroemdste paleis aan het Canal Grande. Het is samen met het dogenpaleis het mooiste voorbeeld van de Venetiaanse gotiek, die vooral in het begin van de 15e eeuw zo werd beïnvloed door oosterse stijlvormen. Mario Contarini gaf het paleis tussen 1421 en 1440 zijn huidige uiterlijk. De beelden van de voorgevel waren oorspronkelijk voorzien van echt bladgoud. Daaraan dankt dit palazzo zijn naam Ca'd'Oro, hetgeen 'gouden huis' betekent. Alles aan de buitenkant van dit paleis werd gecreëerd om uitdrukking te geven aan Venetiës welvaart en kunstlievendheid. Zeker in de 15e en 16e eeuw was dit palazzo het pronkstuk van het Canal Grande. Maar daarna hield de staat van onderhoud gelijke tred met de langzame teloorgang van de stadstaat Venetië. Het was bijna een ruïne toen de Russische prins Troebetskoj het in 1847 kocht voor de ballerina Maria Taglioni. De dame bezat meer aanbidders die haar een palazzo cadeau deden, want ze bezat er verschillende. Het was haar hobby om deze panden te restaureren en te verbouwen. Niet iedereen was enthousiast over de wijze waarop dit gebeurde. Ze paste sommige palazzo's namelijk rigoureus aan de modegrillen van haar tijd aan. Zo liet ze in de Ca'd'Oro het originele trappenhuis verwijderen en hetzelfde lot was veel marmer van de voorgevel beschoren. Van dit alles is gelukkig vrijwel niets meer te zien, dankzij baron Franchetti. Hij kocht het pand aan het eind van de vorige eeuw en herstelde de oorspronkelijke staat weer. In 1916 do-

neerde deze baron niet alleen het palazzo, maar ook zijn kunstverzameling aan de staat. Deze bevat bijzondere doeken van Carpaccio, Mantegna en het beroemde kunstwerk 'Venus' van Titiaan. Ze zijn te bewonderen in de Franchettigalerie, die sinds 1926 in Ca'd'Oro huist.
Nog een beroemd palazzo in Cannaregio bereikt u door linksaf te slaan bij de Calle Larga Vendramin, en vervolgens rechtsaf de Rio terra della Magdalena in.
Palazzo Vendramin-Calergi (17) is volgens velen een van de mooiste voorbeelden van de renaissance-architectuur in Venetië. Het paleis werd in het begin van de 16e eeuw vermoedelijk opgeleverd door Mauro Codussi. De opdrachtgever was de steenrijke familie Loredan. Vervolgens werd het pand betrokken door telgen van net zo rijke geslachten als de Calergi's en de Vendramins. De beroemdste bewoner betrok het huis in 1883. Het was de componist Richard Wagner. Nog in datzelfde jaar stierf hij. Sinds 1946 is het pand in de winter de lokatie van een casino en een nachtclub.

Langere route door San Polo We waren gebleven bij Campo dei Gesuiti. De route voert verder via de schilderachtige volksbuurten van Cannaregio en de Rialtobrug via de wijk San Polo naar het station. Prettig is dat u binnen de wirwar van kleine straatjes al redelijk snel borden vindt met de naam Rialto en een pijl die aangeeft in welke richting u moet lopen.
De *Ponte di Rialto* (18) was de eerste brug over het Canal Grande en dit bleef ze tot de 19e eeuw. Voor die tijd lagen er op deze plek een aantal boten achter elkaar, die een brugfunctie vervulden, maar na een aantal ongelukken besloot men in 1524 dat een permanente stenen brug moest verrijzen. Het was duidelijk een prestigeproject. De beroemdste architecten uit de 16e eeuw probeerden de opdracht binnen te halen. Michelangelo, Palladio en Sansovino visten achter het net.

Uitverkoren werd architect Contini, bijgenaamd Da Ponte. Het duurde vele jaren voordat er overeenstemming was over zijn ontwerp. Pas in 1588 kon de bouw beginnen, maar in 1592 werd een brug geopend die nog steeds de meest bijzondere van Venetië en vermoedelijk van heel Italië is. Bijvoorbeeld vanwege de galerijen vol bogen in het midden van de brug, waarin tal van winkeltjes verborgen zijn.

De naam Rialto is afgeleid van Riva Alto, dat 'hoge oever' betekent. Dit is het oudste deel van de stad, het stamt uit de 9e eeuw. Het werd het handelscentrum van de Republiek Venetië. In de 11e eeuw functioneerden er vele banken en pakhuizen. Er werden zaken gedaan op internationaal niveau. Ook was er al valutahandel aanwezig. De Venetiaanse dukaat was wereldwijd erkend; het was de 'dollar' van de Middeleeuwen. Venetië was een van de belangrijkste financiële centra van Europa.

Tegenwoordig worden er nog steeds volop zaken gedaan op en rondom de brug, zij het op kleinere schaal. Op de Rialtobrug zelf huizen kleine juweliers-, parfum-, kledingwinkels en geldwisselkantoortjes. Rondom de brug ligt een van de grootste winkelcentra van de stad. Bovendien vindt u daar vlakbij de twee grootste markten van Venetië: de *Erberia* (19), waar voornamelijk groenten en levensmiddelen worden verkocht, en de *Pescheria* (20), de vismarkt, die is gehuisvest onder een mooie gotische overkapping, meteen aan het Canal Grande. Beide markten vindt u als u de Rialtobrug oversteekt naar San Polo en dan enkele tientallen meters het Canal Grande volgt. Sinds de 11e eeuw doen vrijwel alle Venetianen, zowel rijk als arm, hun boodschappen op deze markten, die iedere dag, behalve zon- en feestdagen, zijn geopend. Tussen 8.00 en 9.00 uur beginnen de groothandelaren en daarna werken de detaillisten tot 11.00 uur. De waren zijn uiterst vers en de prijzen liggen werkelijk veel en veel lager dan in de winkels.

Dit is een belangrijke factor in een stad waar de winkels vaak tientallen procenten duurder zijn, omdat de grote Italiaanse levensmiddelenproducenten van het vasteland Venetië zien als een eiland met veel vervoersproblemen. Bij beide markten ziet u vroeg in de ochtend tal van kleurrijke schuiten van handelaren en vissers uit de lagune. Vooral de vismarkt is befaamd. Hier vindt u de meest exotische vissoorten, niet alleen uit de Middellandse Zee, maar ook uit andere zeeën.

Loop vervolgens terug naar het Canal Grande in de richting van de goed aangegeven kerken Chiesa di Silvestro en de Chiesa San Aponal naar het plein Campo San Polo. Bij een van de bruggetjes aan de noordkant van dit plein vindt u de *Fondamenta delle Tette* (21). De naam van deze fondamenta en de bijbehorende brug is een van Venetiës niets verhullende benamingen. 'Tette' betekent 'borsten'. Deze werden ontbloot door de prostituees die hier werkten om klanten te lokken. Aan het begin van de 16e eeuw moeten er, volgens de schrijver Marin Sanundo, wel ruim 11.000 prostituees hebben gewerkt in Venetië. Dat lijkt nogal overdreven als men bedenkt dat de stad in die tijd 100.000 inwoners telde.

Campo San Polo (22) is een van de grootste en oudste pleinen van heel Venetië. Het wordt omzoomd door een groot aantal palazzo's en door de San Polokerk. Tijdens het carnaval zijn er van oudsher vele festiviteiten, net als tijdens het filmfestival.

De *San Polokerk* (23) is volgens ontelbare stijlen gebouwd en herbouwd. De pilasters dichtbij de entree zijn nog overblijfselen uit de allereerste San Polokerk uit de 9e eeuw. Aan dit van oorsprong Byzantijnse gebouw werden in de 14e en 15e eeuw weer tal van gotische elementen toegevoegd, zoals het plafond. De kerk bezit een aantal bijzondere schilderingen, bijvoorbeeld van Tintoretto, Veronese en Tiepolo.

Wanneer u vanaf hier de borden 'Ferrovia' naar het station volgt, dan arriveert u bij de ruim honderd meter verder gelegen Frarikerk.

De *Santa Maria Gloriosa dei Frarikerk* (24) is een van de meest bijzondere kerken van Venetië. Ze was eigendom van de franciscanen en werd voltooid in 1475. Deze orde genoot zoveel status dat de rijkste Venetiaanse families veel donaties deden en hun doden lieten begraven in deze kerk, en dat vele eeuwen lang. Daarom ziet u hier graftombes in diverse stijlen, zowel de gotische als de renaissancistische en de barokke grafmonumenten. Tal van grote namen vonden daarin hun laatste rustplaats langs de muren van de kerk, zoals dogen, veldheren en grote kunstenaars. De beroemdste kunstenaar die hier is begraven is Titiaan, die in 1596 stierf aan de zwarte dood. Voor hem maakte de Frarikerk een uitzondering op de regel dat wie aan de pest stierf niet in een kerk begraven kon worden. Titiaans laatste rustplaats bestaat uit een pompeus monument dat een Habsburgse vorst liet vervaardigen. Titiaan had graag in een zelfontworpen graf gerust, maar die tijd was hem niet meer gegund.

Weinig Venetiaanse kerken zijn van zoveel kunstzinnige werken voorzien als de Frarikerk. Zo vindt u in de sacristie een kunstwerk van Giovanni Bellini, genaamd 'Tronende Madonna met heiligen'. Het altaarstuk is van Bartolomeo Vivarini. Op het hoofdaltaar hangt Titiaans 'Assunta' en in het middenschip 'Madonna di Ca'Pesaro'. (De kerk is elke dag geopend, behalve zondagmiddag.)

Achter de Frarikerk, te bereiken via Salizzada San Rocco, vlak bij de halte San Tomà, staat de beroemde *Scuola Grande di San Rocco* (25). Nergens zijn zoveel werken van Tintoretto bijeengebracht als hier, maar liefst 56 stuks. Omdat vele daarvan in duidelijke thema's zijn onder te brengen, vormen zij een van de belangrijkste schilderijencycli ter wereld, bijna te vergelijken met de Sixtijnse Kapel in Rome.

De Scuola werd gesticht in 1478 en vernoemd naar St.-Rochus: de patroonheilige van de slachtoffers van de pest. Bartolomeo Bon was de architect die het oorspronkelijke gebouw opleverde. Daarna werd het pand onder meer verbouwd door Lombardo.

Deze scuola functioneerde net als de andere als een charitatief instituut dat zich ontfermde over armen, wezen en zieken en dat door middel van educatie en tentoonstellingen het culturele peil van haar omgeving op hoger niveau trachtte te brengen. De scuole, die over riante budgetten beschikten vanwege donaties van rijken uit de buurt, waren voor kunstenaars belangrijke opdrachtgevers.

Tintoretto maakte zijn eerste schildering in San Rocco in 1564. Hij deed dat niet in opdracht, maar op eigen initiatief. Dit had te maken met een soort sollicitatie voor de functie van huisschilder van San Rocco. Zelfs een, toen al beroemd, kunstenaar als Tintoretto kreeg niet zomaar zo'n prestigeopdracht. Samen met andere schilders van naam, zoals Paolo Veronese en Salviati, moest hij eerst schetsen laten zien aan de broederschap achter de Scuola San Rocco, die uiteindelijk besliste wie de gelukkige werd. Tintoretto besloot van zijn schetsen al een schilderij te maken. Hij sloop de San Rocco binnen in de nacht voor de beoordeling en bevestigde zijn werk aan het plafond. Iedereen viel bijna van de stoel toen dit duidelijk werd en Tintoretto het werk ook nog gratis aan de Scuola schonk. De broederschap was zelfs dusdanig onder de indruk, dat hij meteen de opdracht kreeg. Nog steeds is Tintoretto's proefstuk, zijn schildering van San Rocco, te zien aan het plafond. Van beneden naar boven ziet u eerst schilderijen over het leven van Maria. Daarboven prijken tal van taferelen uit het Oude en het Nieuwe Testament. En nog een etage hoger, in de 'Albergo Room', vindt u meer afbeeldingen van San Rocco.

Castello

Castello is de grootste van de zes Venetiaanse stadswijken, hier *sestieri* genaamd. Castello begint ten oosten van het San Marcoplein en eindigt bij de tuinen van Napoleon en het eilandje Santa Elena. Het is de staart van de vis die de stad Venetië op de kaart lijkt te zijn.
Deze uitgestrekte wijk heeft zeer uiteenlopende kenmerken. Het gedeelte achter het San Marcoplein en in de buurt van Riva degli Schiavoni vormt een van de oudste delen van de stad. Tussen de wirwar van straatjes vindt u kerken van meer dan duizend jaar oud, vaak voorzien van schilderijen van grote Venetiaanse meesters. Het gedeelte daarachter, in de richting van de andere kant van de lagune, is van oudsher wat volkser. Er is meer verval en hier en daar kronkelen griezelig smalle, desolate stegen, maar er zijn prachtige pleintjes met af en toe bijzondere kerken en musea, die een omweg zeker waard zijn. Meer naar het oosten vindt u het Arsenaal. Dit is de oudste scheepswerf ter wereld. In de 12e eeuw werden er meer koopvaardij- en oorlogsschepen gebouwd dan andere grote naties in hun geheel bezaten. Dankzij het Arsenaal beschikte de stad al snel over de grootste en krachtigste vloot van de Middellandse Zee en veroverde zo het handelsmonopolie in Klein-Azië, Syrië en Palestina. Dankzij deze schepen en de hulp van de kruisvaarders lukte het Venetië bovendien het machtige wereldrijk Byzantium te overweldigen. Ze bleef in de Middeleeuwen de koningin van de zee totdat de Portugezen, Spanjaarden en later de Hollanders die positie overnamen.
In de buurt van het Arsenaal vindt u arbeiderswijken uit vorige eeuwen, die wat eenvormig zijn. Ten zuidoosten hiervan ligt een park dat onder meer de naam 'Tuinen van Napoleon' draagt, want deze voormalige bezetter heeft nog opdracht gegeven voor de aanleg ervan. De andere

naam luidt 'Biennale-tuinen', want eens in de twee jaar is dit de lokatie van de beroemde kunsttentoonstelling. Het is een sfeervol park vol half vervallen standbeelden.
Zowel het park als de kade Riva degli Schiavoni zijn perfect als u na wandelingen door nauwe warme straten behoefte heeft aan ruimte en een koele bries. De kade is een van de breedste en langste wegen van de stad. Aan deze kade meren zowel grote cruiseschepen aan als ferryboten die naar de eilanden en naar de *lidi* varen.
Vanuit het San Marcoplein is het interessant om een wandeling te maken door de wirwar van straatjes die aan de wijk Castello zo'n bijzondere charme geven.
Een interessante route begint vanaf het San Marcoplein bij de Piazzetta dei Leoni, links van de Basilica. Kies vervolgens voor de Calle Canonica langs Palazzo Patriarcale. Achter het paleis is een straatje met een brug: *Ponte dei Sospiri* (1). Deze Brug der Zuchten verbindt het Dogenpaleis met Palazzo delle Prigioni. De brug leidt naar de gevangenis van het Dogenpaleis. Deze was berucht vanwege de folterpraktijken. Geen wonder dat de gevangenen moesten zuchten vanwege dit vooruitzicht. De 17e-eeuwse brug heeft twee aparte gangen, zodat de veroordeelden en diegenen die nog voorgeleid moesten worden voor de Raad van Tien, het toenmalige rechtscollege, elkaar niet zouden ontmoeten. Ook de 19e-eeuwse schrijver en hartenbreker Casanova betrad de brug. Hij belandde er omdat de doge zijn geschriften godslasterlijk vond. Het lukte hem om uit de gevangenis te ontsnappen. Via het raam en het dak klom hij een belendend palazzo binnen. Daar liep hij, ondanks zijn groezelige kleding, als zo'n heer te paraderen dat niemand argwaan kreeg, toen hij rustig de deur uitliep. Dit beschrijft hij in 'Het verhaal van mijn ontsnapping uit de gevangenis van Venetië' in zijn boek *Mijn levensgeschiedenis*.
De smalle kade aan de andere kant van het kanaal Fondamenta Santa Apollonia genaamd, leidt naar de 'Scuola

Castello

1 Ponte dei Sospiri (Brug der Zuchten)
2 Museo Diocesano d'Arte Sacra
3 San Zaccaria
4 Campo Maria Formosa
5 S. Maria Formosakerk
6 Campo SS. Giovanni e Paolo
7 Scuola di San Marco
8 Santa Maria dei Miracoli
8a Scuola di S. Giorgio degli Schiavoni
9 S. Giovanni in Bragorakerk
10 Museo Storico Navale
11 Arsenaal
12 Chiesa della Pietà
13 Hotel Danieli Excelsior

di Santa Apollonia'. Hierin is een museum gevestigd, gespecialiseerd in religieuze kunst, het *Museo Diocesano d'Arte Sacra* (2). In het museum zijn tal van kunstwerken te zien, afkomstig uit kerken die worden gerestaureerd.

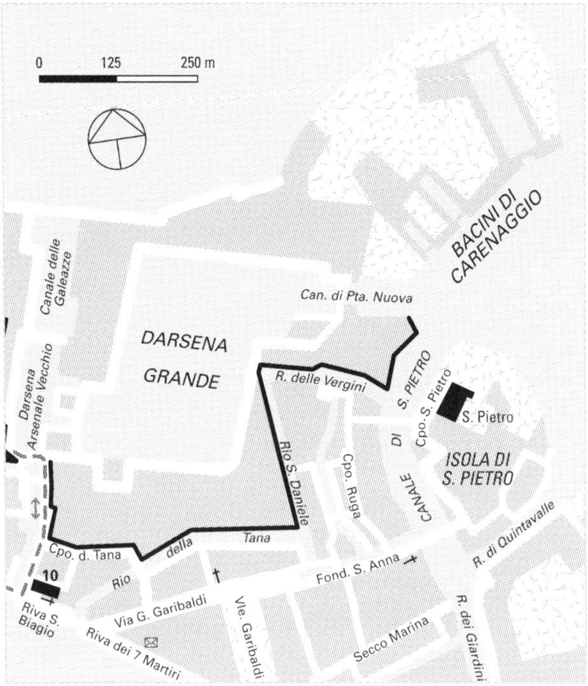

Vanwege dit opslagkarakter is de collectie sterk wisselend, maar zeker interessant.

Vlakbij ligt een van de oudste kerken in de stad, de beroemde *San Zaccaria* (3). Dit godshuis aan de Campo San Zaccaria dankt zijn naam aan de hierheen gebrachte overblijfselen van de vader van Johannes de Doper, die de Italiaanse naam San Zaccaria draagt. Zijn botten werden begraven in de eerste versie van de kerk, die in de 9e eeuw n.C. werd gebouwd in de Byzantijnse stijl. In de 10e eeuw werden er Romaanse elementen aan toegevoegd. Overblijfselen daarvan zijn nog te zien in een van de kapellen. Hierbij plaatste men in de 12e eeuw de campanile, de to-

ren. In de 14e eeuw werd de gehele kerk verbouwd in de gotische stijl. De huidige versie stamt grotendeels uit de 15e eeuw. De architectuur bestaat uit een mix van gotische en renaissancistische stijlelementen. De architecten zijn Antonio Gambello, die er in 1458 aan begon maar de kerk niet afmaakte, en daarnaast de beroemde architect Mauro Codussi, die tal van andere bijzondere renaissancebouwwerken creëerde in Venetië.
De San Zaccaria is vooral beroemd vanwege de prachtige schildering van de Madonna met Kind van Giovanni Bellini boven een van de altaren, het tweede van links. Op het hoofdaltaar vindt u een Madonna van Titiaan en aan de muren bevinden zich schilderingen uit de school van Veronese en Tintoretto, waaronder 'De geboorte van Johannes de Doper'.
Ook vele andere werken van grote kunstenaars zijn er aanwezig. De kerk kon zich dit permitteren vanwege haar ruime budget. Het godshuis hoorde namelijk bij de orde van de benedictijnen en hier stuurden de rijkste Venetiaanse families hun dochters naar toe om non te worden. De kerk kreeg bijna altijd de erfenis van die dochters. Ze hadden het er goed gehad. De nonnen van San Zaccaria konden in de laatste eeuwen van de Venetiaanse republiek zeer vrij leven. Er waren tal van bals en maskerades voor zowel mannen als vrouwen.

Campo Maria Formosa (4). Dit bijzondere plein bereikt u wanneer u de Fondamenta dell'Osmarin en de Ruga Giuffa in noordelijke richting volgt. Het is een van de grootste en gezelligste pleinen van de stad, vooral 's morgens als een markt voor de buurtbewoners gaande is. 's Avonds is dit een prettige plek om eenvoudig te eten en vervolgens vanaf een terras de pantoffelparade in de wijk gade te slaan. Naast het kleurrijke gewone Italiaanse leven heeft het ook iets te bieden op het gebied van monumenten. Vlak bij de Ruga Giuffa staat het Palazzo Malipiero-Trevisan uit de 16e eeuw, een renaissancebouwwerk. Op zonnige dagen wordt het paleis prachtig weerspiegeld in het aangrenzende kanaal met drie kleine bruggetjes. Wanneer u in de richting van de Ponte del Diavolo loopt, ziet u links het gotische Palazzo Priuli, dat ook wel Palazzo Ruzinni wordt genoemd. Het stamt uit 1580 en de architect was Monopola, een van de ontwerpers van het Dogenpaleis.

Santa Maria Formosa (5). De kerk werd voor het eerst gebouwd in de 7e eeuw. Daarvan resteren niet meer dan de fundamenten. De huidige versie stamt uit 1492 en werd ontworpen door Mauro Codussi. De kerk bevat schilderingen van Bartolomeo Vivarini en van Giambattista Tiepolo.

Tegenover de kerk vindt u de Calle Lunga; sla deze in en ga linksaf bij de Calle Cicogna, die na het water overgaat in de Calle Bressano. Langs deze weg bereikt u *Campo Santi Giovanni e Paolo* (6). Aan dit plein ligt een van de beroemdste kerken van Venetië. Deze *Santi Giovanni e Paolokerk*, ook wel in het Venetiaans San Zanipolo genaamd, draagt de bijnaam 'Pantheon van Venetië'. Er liggen maar liefst vijftig dogen begraven.

De kerk werd in de 14e eeuw in de gotische stijl gebouwd door de dominicanen als een van de grootste kerken van Venetië en deze status bezit dit godshuis nog steeds. Binnenin vallen als eerste de graftombes op van de dogen. Sommige bevatten levendige, morbide beelden. Opmerkelijk is dat de eerste en machtigste dogen genoegen namen met een eenvoudig graf, terwijl hun latere, bijna monddood gemaakte collega's zich na hun dood omhulden met zoveel mogelijk pracht en praal. Bijzonder is bijvoorbeeld het graf van de doge Michele Steno uit 1413. Dit is uitgehouwen in de muur en het stenen graf volgt de contour van de kist met daarboven een natuurgetrouwe afbeelding van de doge. Het graf van Pietro Mocenigo uit 1467 is een meesterwerk van Pietro Lombardo. Het zal

geen verbazing wekken dat in zo'n kerk de belangrijkste kunstenaars van hun tijd werkten.
Zo maakte Giovanni Bellini het veelluik in het rechter kerkschip. In de kapel vlakbij het koor vindt u een altaarstuk van Leandro Bassano en een schilderij van Veronese. Het plafond van de Capello del Rossario is voorzien van een plafondschildering van Veronese. Vlak bij het orgel hangen verder drie schilderijen van Bartolomeo Vivarini.
Buiten op het plein staat een bijzonder standbeeld van een ruiter. Dit 15e-eeuwse meesterwerk van Andrea Verrochio en Alessandro Leopardi stelt Bartolomeo Colleoni voor. Deze zelfbewuste ruiter functioneerde als huurkapitein. Hij was door de Venetianen ingehuurd om zoveel mogelijk grondgebied op het vasteland van Italië te veroveren. Hij slaagde hier wonderwel in en verdiende daarmee een grote som geld. Dit was niet genoeg, want de kapitein wenste een standbeeld op het San Marcoplein en liet na zijn dood een klein vermogen achter om dit te realiseren. De lokatie San Marcoplein ging de regering van de stadstaat te ver, maar omdat ze de som geld goed konden gebruiken, misleidde ze de nabestaanden enigszins door het woord 'scuola' zeer onduidelijk uit te spreken toen ze de lokatie bevestigden. Het beeld werd geplaatst bij de Scuola de San Marco. Pas na de onthulling en betaling werd de nabestaanden duidelijk dat dit eigenlijk niet de gewenste plek was.
Naast de Santi Giovanni e Paolokerk staat aan de linkerkant de *Scuola di San Marco* (7). Volgens velen bezit dit een van de mooiste renaissancegevels van de stad. De huidige versie van dit vroegere kunstinstituut, opgericht in de 12e eeuw, werd in de 15e eeuw gecreëerd door Pietro Lombardo en de architecten Buora en Codussi. Tegenwoordig is dit bijzondere gebouw vol pilaren in gebruik als hospitaal. Het is zeker mogelijk om een kijkje te nemen in de hal van dit bijzondere ziekenhuis.

Vervolgens voert de tocht via de Fondamenta Dandolo en aan het einde rechtsaf en steeds rechtdoor via achtereenvolgend de Calle Erbe, de Calle Castelli en de Calle Miracoli naar een bijzondere kerk *Santa Maria dei Miracoli* (8). Dit is een schattig wit kerkje met een grote witte koepel, die lijkt op een suikertaart, maar hier de bijnaam 'juwelenkistje' draagt. De buiten- en binnenmuren zijn grotendeels van wit marmer. Vermoedelijk omdat de Venetianen deze kleur associëren met het huwelijk, laten veel Venetianen zich hier in de echt verbinden. Vaak ligt er pasta op de grond, bijvoorbeeld macaroni. Dit is het Venetiaanse equivalent van onze serpentines en (gepofte) rijst om over het nieuwe echtpaar uit te strooien.
De kerk werd gebouwd door architecten uit de familie Lombardo, die haar opleverden in 1489. Binnen is de kerk volgeschilderd met religieuze portretten. De Venetianen geloven dat de Madonna boven het altaar in staat is om te genezen. Op de balustrade bij het koor staan heiligenbeelden die zijn gemaakt door Tullio Lombardo, de zoon van de architect.
Volg vervolgens het kanaal ten zuiden van Campo Santi Giovanni e Paolo in oostelijke richting, steek het water over via de Calle Busa en volg de Rio di Lorenzo in zuidelijke richting en steek deze over via de Calle Lion.
De *Scuola di San Giorgio degli Schiavoni* (8a) is de scuola (kunstverzameling) van de Dalmatische kooplieden. De Dalmatiërs, afkomstig uit het huidige grondgebied van Kroatië, vestigden zich aan het begin van de 15e eeuw in Venetië. Aanvankelijk verdiende het grootste deel van deze immigranten de kost als zeeman of kunstenaar, maar al snel boekten diverse Dalmatiërs successen op het gebied van de handel. De Dalmatiërs vormden een van de grootste allochtone groepen in de stadstaat. Ze creëerden vervolgens hun eigen hoofdkwartier, waarvan de scuola een onderdeel vormde. Hiervoor bestelden ze tien schilderijen van de beroemde schilder Carpaccio. Deze ver-

beelden scènes uit het leven van Dalmatische patroonheiligen, zoals St.-Joris en St.-Hiëronymus. Een van de schilderijen toont bijvoorbeeld hoe St.-Joris de draak doodt en een ander kunstwerk verbeeldt St.-Augustinus in zijn studeervertrek.

Volg de Salizada San Antonin om op het Campo Bandiera e Moro een bijzondere kerk te bereiken, *San Giovanni in Bragora* (9). Volgens de overlevering stamt deze attractieve kerk uit de 8e eeuw. Uit de officiële geschiedschrijving blijkt dat deze pas kort na het jaar 1000 voor het eerst wordt genoemd. Het grootste deel stamt echter uit het eind van de 15e eeuw. De stijl van de kerk is kenmerkend voor deze overgangsperiode van de gotiek naar de renaissance. Jammer dat de San Giovanni in Bragora in de 18e eeuw intensief is aangepast aan de smaak van die tijd. Dit wordt goedgemaakt door kunstwerken van Palma il Giovane en Clima da Conegliano. Verder vergaarde deze kerk enige bekendheid omdat Vivaldi hier in een van die mooie, rood-marmeren doopvonten is gedoopt. Deze componist is geboren in een van de huizen aan hetzelfde plein.

Via de Riva degli Schiavoni en Riva Ca' di Dio bereikt u net achter de Rio dell' Arsenale een bijzonder scheepvaartmuseum, het *Museo Storico Navale* (10). In het museum wordt duidelijk gemaakt hoe de galeien die Venetië groot maakten, werden gebouwd in de aangrenzende, van oudsher middeleeuwse, scheepswerf het Arsenaal, de oudste nog functionerende werf van de wereld. In het museum staan in de vitrines vele scheepsmodellen van de galeischepen die het Arsenaal vervaardigde. Verder vindt u er een zaal vol met de meest uiteenlopende soorten munitie en landkaarten. Bijzonder is de verzameling Chinese jonken, die in de jaren zestig werden geschonken door een Franse bewonderaar van Marco Polo. Buitengewoon interessant is de verzameling gondels uit vorige eeuwen, waaronder gondels uit de 18e eeuw, bijvoorbeeld met een overkapping, een 'felze'. Sommige historici beweren dat ze vooral populair werden in de 18e eeuw, de tijd dat Venetië de meest decadente stad van Europa was. Zeer de moeite waard is het om de dependance van het museum te bezoeken in een van de loodsen van het Arsenaal. Hier vindt u bijvoorbeeld de gondel die de laatste dogen gebruikten voor ceremoniën.

Vlak bij de loodsen leidt een brug naar de toegangspoort van het *Arsenaal* (11). Dankzij deze werf beschikte de stad in de vroege Middeleeuwen al snel over de grootste en krachtigste vloot van de Middellandse Zee en veroverde zo het handelsmonopolie in Klein-Azië, Syrië en Palestina. Vervolgens ging Venetië de handel met het Midden- en Verre Oosten beheersen en werd in 1450 de rijkste staat ter wereld. Ze bleef de koningin van de zee totdat de Portugezen, Spanjaarden en later de Hollanders die positie overnamen.
De toegangspoort van het Arsenaal is gebouwd in de 15e eeuw. Deze heeft de vorm van een triomfboog. Daarboven vindt u een afbeelding van de beroemde Venetiaanse leeuw, die ook te zien is op het San Marcoplein. Hij wordt geflankeerd door vier totaal andere leeuwen. Ze werden niet in de stad zelf vervaardigd, maar in Athene geroofd in 1687 na de oorlog over de heerschappij over de Peloponnesus. Veel meer is officieel niet te zien van het huidige Arsenaal, omdat het een werf is geworden van de marine. Als u echter de vaporetto nr. 52 neemt, dan vaart u er dwars doorheen. (Interessant is dat deze lijn tevens het glasblazerseiland Murano aandoet.)
Tijdens deze vaporetto-tocht wordt enigszins voorstelbaar hoe het er vroeger moet zijn geweest, alhoewel er veel is veranderd. Wat vooral opvalt, is dat het een gigantisch groot ommuurd complex is. In de hoogtijdagen van de werf werkten hier wel 16.000 scheepsbouwers. Zij werkten enorm snel. Ze zouden eens een volledig galeischip

hebben gefabriceerd in een tijdsspanne van een paar uur, nadat ze een van de gasten van de doge, koning Hendrik III van Frankrijk, hadden verzekerd dat dit zou lukken in de tijd waarin hij aan een specifiek banket aanzat. Ze slaagden daarin glansrijk, volgens een van de legenden waar de stad het meest trots op is.
Dat het geheel zo'n gigantische omvang kon krijgen, hangt samen met het staatseigendom van de werf en de bijbehorende munitiefabrieken. De staat hield ook verder de touwtjes stevig in handen. Zo was het voor de kooplieden niet mogelijk om galeischepen te kopen. Leasen was de enige mogelijkheid, want dan kon de overheid ze ieder moment vorderen als oorlogsschip. Nog een belangrijke reden voor de gigantische hoeveelheid schepen die hier van de helling rolde, was dat in het Arsenaal al vanaf de vroege Middeleeuwen volgens een lopende-bandsysteem werd gewerkt. Dit schijnt hier zelfs te zijn uitgevonden in de 15e eeuw. Voor die tijd werkten teams van zo'n twintig mensen van het begin tot het eind aan een schip, maar na 1473, toen het Arsenale Novissimo werd vervaardigd, waarvan we tijdens de doorvaart het meest zien, werd een assemblagelijn gecreëerd. De scheepsbouwers vervaardigden de romp in het Arsenale Novissimo en het schip werd door anderen afgebouwd in het Oude Arsenaal. Weer op een andere werf werden de schepen voorzien van wapens en op een volgende van scheepskooien.
Zelfs de bevoorrading van het schip geschiedde in het Arsenaal en ook dit ging via het lopende-bandsysteem. De schepen werden langs de verschillende magazijnen gesleept. Uit het een kwam de munitie en uit het ander de proviand.
Het woord 'arsenale' betekent niet scheepswerf, maar werkplaats. Het is een van de vele, typisch Venetiaanse woorden die in verschillende andere talen zijn doorgedrongen.
Vervolgens loopt u weer terug naar de Riva degli Schia-

voni in de richting van het San Marcoplein. Deze brede kade, grenzend aan de lagune, dankt haar naam aan de Dalmatiërs, die in het Venetiaans Schiavoni (Slaven) heten.
Aan deze Riva degli Schiavoni staat ter hoogte van de Rio della Pietà de *Chiesa della Pietà (Pietàkerk)* (12). Uiterlijk is de kerk niet zo heel bijzonder. Zij is voor Venetië tamelijk recent, haar huidige vorm stamt namelijk uit de 18e eeuw en werd gecreëerd door de architect Georgio Massari. De moeite waard zijn de plafondschilderingen van de beroemde kunstenaar Tiepolo.
De kerk is befaamd omdat de componist Vivaldi de leider was van het conservatorium dat erbij hoorde. De Chiesa della Pietà had vanaf het begin een dubbele functie: zowel kerk als concertzaal. Dit begon al in 1527 in de vorige versie van de kerk en in bijgebouwen. Het duurde tot het begin van de 17e eeuw voordat hier de echte grote namen op muzikaal gebied actief werden. De eerste was Montovani. In Venetië componeerde hij enorm veel religieuze muziek en daarnaast opera's, waarvan er helaas relatief weinig zijn overgebleven. Mogelijk is de oorzaak daarvan dat hij aan het eind van zijn leven aan lager wal raakte. Hetzelfde gebeurde met de grote componist Vivaldi, die aan het begin van de 18e eeuw in deze kerk zijn operadebuut maakte met *Ottone in Villa.* Naast opera's schreef hij veel vioolconcerten. De viool was en bleef zijn favoriete instrument. De meeste concerten waren afgestemd op uitvoering in La Pietà. Hij schreef er in totaal maar liefst 250. Lange tijd was Vivaldi de belangrijkste vioOldocent aan het conservatorium dat in de Chiesa della Pietà was gevestigd. Daarnaast was de kerk ook een belangrijke concertzaal. Momenteel is het niveau en de frequentie van de concerten veel lager dan in de tijd dat de kerk een wereldberoemd instituut was, maar het aantal concerten dat er wordt georganiseerd begint wel toe te nemen.

Iets voorbij de kerk ligt aan de Riva degli Schiavoni het beroemde *Hotel Danieli Excelsior* (13). Dit hotel is gevestigd in een prachtig 15e-eeuws palazzo, dat de lagune overziet. Het is een van de meest exclusieve hotels ter wereld. Zowel binnen als buiten heeft het een rijk en zeer overdadig uiterlijk, want het werd gebouwd in een tijd waarin de overheid de gefortuneerde Venetianen aanmoedigde om de vergaarde rijkdom te tonen. Toen de bezittingen inkrompen, werden de palazzo's door steeds meer families gedeeld. Toen Giuseppe Dal' Niel het in 1822 kocht, woonden er bijna tien families in. Hij verbouwde het palazzo tot een hotel. Zijn naam werd verbasterd tot Danieli. Het hotel was zo luxe en bezat zulk uitmuntend personeel dat het al snel faam verwierf bij koningen, keizers, politici, beroemde schrijvers en kunstenaars, bijvoorbeeld bij keizer Wilhelm van Pruisen, Alfred de Musset, George Sand, Dickens, Proust, Wagner en Debussy. Uit een van de folders van het hotel blijkt dat het hotel het meest trots lijkt te zijn op de vroegere gasten Alfred de Musset en de vamp-schrijfster George Sand. Zij verbraken hier hun relatie in 1834 nadat De Musset, die ernstig ziek was, ontdekt had dat George Sand vreemd ging met zijn huisarts.

Venetiaanse eilanden

Wie het eiland het Lido overslaat, mist een belangrijk deel van Venetië. De glamour rondom het witte doek ebt hier zeker niet geheel weg zodra het filmfestival van Venetië is afgelopen. Intrigerend is bovendien de verstilde en wat vergane chique van de grand hotels langs het strand. Deze art deco-etablissementen vormden de lokatie voor de film *Death in Venice*. De overige eilanden in de Venetiaanse lagune zijn minder een must dan het Lido, maar zeker de moeite waard om te bezoeken, alleen al omdat ze een geheel eigen verleden en sfeer kennen. Meegenomen

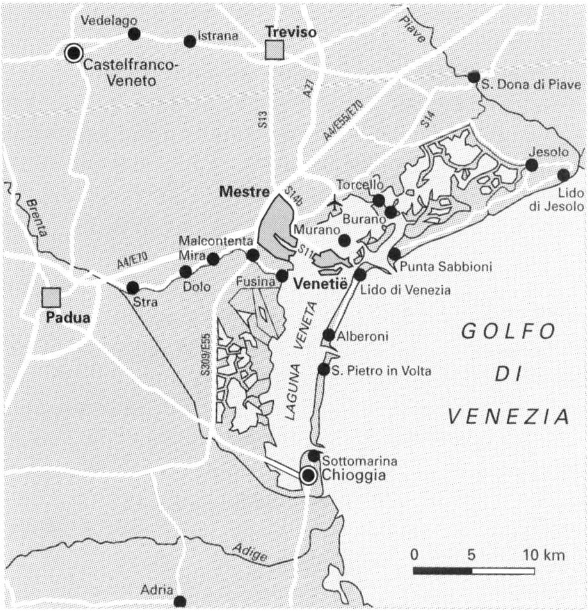

is verder dat het vaak oases vol rust zijn. Het is heel prettig om hier te ontsnappen aan het drukke, intrigerende labyrint dat de historische stad Venetië vormt. Zeer aangenaam is bovendien het vaartochtje door de lagune.

Burano

Burano is een eiland vol nettenboetende vissers, kantwerkende vrouwen en een enkele rustzoekende kunstenaar. Ze wonen zonder uitzondering in huizen waarvan de muren geschilderd zijn in uiteenlopende felle kleuren. Ze mogen deze niet van tint veranderen, want bij ieder huis hoort een vaste kleurschakering, zo is al in de late Middeleeuwen vastgelegd in de plaatselijke wet. Deze traditie ontstond omdat vissers en matrozen hun huis graag

al vanaf zee wilden herkennen. Hielden zij op die manier een oogje in het zeil?
Op Burano staan geheel andere huizen dan op de andere eilanden en ze verschillen helemaal van die in de stad. Hier geen palazzo's en andere imposante bouwwerken, maar hooguit eenvoudige huizen van niet meer dan twee verdiepingen.
Ook op veel andere punten lijkt het eiland zich af te zetten tegen de wereldse stad Venetië door traditionele waarden hoog te houden. Dit bleek bijvoorbeeld tijdens een dorpsfeest op het San Martinoplein, bij de gelijknamige kerk met een toren die zo scheef staat als die van Pisa. De pastoor en kapelaan hadden het feest georganiseerd. Deze in habijten geklede geestelijken reikten op een groot plankier de grote bekers uit aan de jonge winnaars van de sportwedstijd voor kinderen. Daarna verspreidden barbecues eetlust opwekkende geuren, begon de band te spelen en tapten twintig dorpelingen wijn uit grote kruiken.
Burano wordt bewoond sinds de 11e eeuw. Sinds mensenheugenis huizen er veel vissers. Verder is ook het vervaardigen van kant er al bijna net zolang een belangrijke bron van inkomsten. Voor de Buraanse huisdeuren zijn de vrouwelijke bewoners aan het kantwerken. Hierbij valt op dat ze met een naald werken. Dit gebeurt al van oudsher en daarmee verwierf de stad grote faam. In de 16e eeuw kwalificeerden de hoogste Europese kringen de kant van Burano als de beste ter wereld. Diverse koninginnen en dames van adel reisden er speciaal voor naar Burano. Toen ook de rijkere burgerij deze gewoonte ging imiteren, ontstond zo'n grote vraag dat op Burano snel een grote kantwerkschool werd opgericht. Vele landen probeerden in de 18e eeuw leerlingen weg te lokken. Ze hadden veel over voor het namaken van de Buraanse kant. Landen als Frankrijk huurden voor veel geld bovendien zeer ervaren kantmakers van het eiland in om de concurrentie een stap voor te zijn. Dit lukte en dat deed de kantwerksters van

Burano bijna de das om. Toen de hele kantproductie op sterven na dood was en er nog maar één vrouw was die wist hoe je Buraanse kant moest vervaardigen, trokken een Italiaanse gravin en koningin Margaritha van Italië zich dat lot aan. Zij besloten de kantwerkschool nieuw leven in te blazen, waarna dit ambacht een kleine bloeiperiode beleefde. Helaas kwam begin deze eeuw de klad er weer in wegens te hoge productie van inferieure kwaliteit. Dit vervaardigden de Buranen industrieel in zes grote fabrieken met behulp van zo'n 5000 kantmakers. In de *Scuola dei Merletti* en het bijbehorende museum komt u alles te weten over de vervaardiging van de Buraanse kant.
Tegenwoordig is echte ambachtelijk vervaardigde Buraanse kant een extreme luxe als we bedenken dat er in de productie van een tafelkleed zo'n dertig vrouwjaren gaan zitten van minstens 20 uur per week. Maar omdat meerdere mensen eraan werken, is de levertijd niet langer dan een paar jaar. Dat maakt het begrijpelijker dat de redelijk vriendelijk geprijsde kant in Burano 'Made in China' is.
Aan hetzelfde plein als de school voor klantwerksters en het kantmuseum staat de San Martinokerk met een prachtige schildering van G.B. Tiepolo.
U bereikt dit negen kilometer van de stad verwijderde eiland in zo'n 45 minuten met veerbootlijn 12 vanaf de Fondamenta Nuove.

Murano

Murano is het grootste eiland in de Venetiaanse lagune. Het was al eerder bewoond dan de stad Venetië; de sporen voeren terug naar de Romeinse tijd. Er streken in de nadagen van het Romeinse Rijk vluchtelingen uit Altino neer, die op de vlucht waren geslagen voor de barbaren uit het noorden. Zij gaven het eiland de naam 'Ammuranium'.
De economie van het eiland bloeide ook al in het verleden. In de 7e en 8e eeuw was de haven van het eiland een

belangrijke pleisterplaats voor koopvaardijschepen. Het groeide, onafhankelijk van Venetië, uit tot een handelscentrum. Het eiland was zeer populair en raakte al snel zeer dichtbevolkt. Zelfs zo dat er in de 10e eeuw steeds minder ruimte overbleef voor de zoutwinning en de visverwerking, twee van de economische kurken van het eiland. Daarom praatten de dogen van Murano veel inwoners in de richting van de stad Venetië, waarheen inderdaad een grote groep verhuisde. (Murano leek vroeger in veel opzichten op Venetië. Het had niet alleen een doge, maar ook een Hoge Raad. Bovendien bezat het eigen diplomatieke vertegenwoordigers en eigen munten. Het eiland telde tot slot ook een Canal Grande.)
Murano geniet sinds de 13e eeuw wereldwijde bekendheid vanwege zijn glasblazers. Zij waren voor het merendeel afkomstig uit de stad Venetië. De Venetiaanse doge vroeg hun, bij wijze van brandpreventie, om de toen nog grotendeels houten stad Venetië te verlaten en te verhuizen naar Murano.
Begrijpelijkerwijs nam de productie van glas een enorme vlucht op dit eiland. In de 14e eeuw begonnen de glasblazers al volop te exporteren. Er was vooral belangstelling voor spiegels en kralen. In de periode van de 15e tot eind 17e eeuw werd het eiland de belangrijkste glasleverancier voor Europa. Dit dankten de glasblazers niet alleen aan de kwaliteit, maar ook aan hun geheel eigen stijl, die modern werd in Europa. Zo maakten zij gebruiksvoorwerpen, zoals schalen in donkere kleuren. Ook produceerden zij tal van bijzondere soorten glas, bijvoorbeeld met een gouden glans die anderen moeilijk konden namaken. Beroemd werden ook de kandelaars en kroonluchters. Nog steeds worden ze vrijwel nergens ter wereld zo mooi gemaakt als hier. Hoe dit vroeger gebeurde, kunt u zien in het *Museo Vetrario Murano*, het Glasmuseum in het Palazzo Giustinian. Hier vindt u meer dan 400 glasobjecten. Het is interessant om in de plaatselijke werkplaatsen te

zien hoe het glas tegenwoordig wordt geblazen. Hiervoor kunt u het beste de meest afgelegen bedrijven kiezen. Vele zijn zeer toeristisch en sommige verkopen glas uit het Verre Oosten voor hoge prijzen. De moeite waard is verder een bezoek aan de *Santa Maria Donatokerk* uit de 12e eeuw, die beroemd is vanwege haar mozaïekvloer. Deze vloer lijkt veel op die van de San Marcokerk in Venetië, net zo fijn van structuur en net zo mooi als een oriëntaals karpet. De voorstellingen en de gebruikte techniek zijn praktisch hetzelfde. Beide stammen ook ongeveer uit dezelfde tijd. In de mozaïekvloer is het jaartal 1140 gegraveerd. De fundering en de kelders die hieronder liggen, zijn nog veel ouder. Deze stammen uit de 7e eeuw en zijn de oudste bouwwerken van de Venetiaanse lagune.
Wie de overige bezienswaardigheden van het eiland wil zien, moet het 'Canal Grande' van het eiland in oostelijke richting volgen. Dit kanaal draagt hier drie verschillende namen, achtereenvolgens: San Giovanni, Canal Ponte Longo en Canal dei Angeli. De volgende bezienswaardigheid op deze route is de San Pietro Martire-kerk, grotendeels gebouwd in renaissancestijl. De schilderingen en het altaar met prachtig houtsnijwerk zijn geheel gewijd aan het leven van Johannes de Doper. De moeite waard is verder het Palazzo da Mula aan het Canal dei Angeli. De gevel bevat een interessante mix van stijlen, waarin zowel Byzantijnse, gotische als renaissance-invloeden zijn te ontdekken.
Murano ligt circa 1,5 km ten noorden van Venetië. U bereikt het eiland in ongeveer tien minuten met lijn 5 of 12 vanaf Fondamenta Nuove.

Torcello

Torcello ligt het verst verwijderd van de stad Venetië. Het eiland heeft een geheel eigen sfeer, die in ruim honderd jaar nauwelijks is veranderd. De schrijfster George Sand schreef erover in *Lettres d'un voyageur*: 'Een onaardse stil-

te beheerst deze plaats waar de natuur veel duidelijker aanwezig is dan de mens.' Net als in haar tijd wonen op het eiland niet meer dan zo'n 60 mensen: heerlijk rustig dus.
De eerste bewoners van Torcello waren afkomstig uit Altino op het Italiaanse platteland. Zij hadden de wijk genomen voor de barbaren uit het noorden. Tijdens hun vlucht namen ze de stoffelijke resten mee van de eerste bisschop van Altino, St.-Eliodorus, die tot de dag van vandaag de patroon is van het eiland.
Torcello ontwikkelde zich autonoom van Byzantium en grotendeels ook van de stadstaat Venetië. Het creëerde eigen handelskanalen en verdiende zo fortuinen. Dat was een belangrijke reden waarom het zich in de 10e eeuw het meest welvarende zelfstandige eiland in de lagune kon noemen. Het telde toen 10.000 inwoners en tien kerken. In de eeuwen die volgden liep het eiland langzaam maar zeker leeg. Dit had te maken met het grote malariarisico. Steeds grotere zwermen malariamuggen voelden zich thuis op dit eiland, dat omgeven werd door uitdijende moerassen. De situatie werd steeds nijpender in de 14e eeuw, toen de rivieren de Sile en de Dese het verziltingsproces versnelden door steeds meer klei aan te voeren. Langzaam maar zeker verhuisden zo ongeveer alle bewoners naar Murano en Venetië, waar de kans om malaria te krijgen veel kleiner was.
Vandaag de dag maakt Torcello nog steeds een verlaten indruk vanwege het geringe aantal bewoners. Het eiland is geliefd om zijn rust, de natuur en de vergane glorie. Gelukkig is er tegenwoordig geen sprake van meer muggen dan elders, omdat men de moerasvorming wist te stoppen.
Torcello kent geen drukbevaren kanalen en kades langs het water, zoals de stad Venetië. Het eiland telt uitsluitend een lange weg die voert langs velden en een paar huizen. Vlak bij de Ponta del Diavolo is Locanda Cipriani. In dit

huis schreef de Amerikaanse schrijver Ernest Hemingway een belangrijk deel van zijn boek *Across the river and into the trees*. Als u de brug oversteekt, komt u op een plein met een troon van marmer, genaamd 'De troon van Attila'. Vanaf deze troon deed de heersende bisschop mededelingen aan het volk. Vlakbij is een groot religieus complex. Het grootste gebouw daarvan is de kathedraal van *Santa Maria dell'Assunta* uit 639. Dit is de oudste kerk in de huidige gemeente Venetië. De kathedraal is een aantal malen verbouwd. De wijzigingen uit de 12e eeuw zijn bepalend voor het huidige uiterlijk; er werd toen in de lengte een stuk aangebouwd. De belangrijkste trekpleister van de kathedraal is een groot mozaïek aan de binnenkant van de façade, dat het Laatste Oordeel voorstelt. Het uit de 13e eeuw stammende kunstwerk is een van de mooiste voorbeelden van de Byzantijnse stijl. Ook diverse kapellen bevatten prachtige mozaïeken, opgebouwd uit minuscuul kleine stukjes, bijvoorbeeld een Madonna met Kind in een van de kapellen aan de rechterkant. Vlak bij het altaar staat een sarcofaag van marmer met daarin de overblijfselen van St.-Eliodorus.

De moeite waard zijn ook de campanile uit de 11e eeuw en de overblijfselen van het klooster. Interessant is eveneens het museum met veel prehistorische en middeleeuwse vondsten in en rond de kathedraal.

De *Santa Fosca-kerk* dateert uit circa 1100. De kerk is geconstrueerd in de vorm van een Grieks kruis in de Byzantijnse stijl. Opmerkelijk is dat de toren van de kerk nooit is afgebouwd. De Griekse bouwvakkers verlieten de bouwput voortijdig. Hun collega's uit de lagune is het nooit gelukt om dit kleine godshuis, bestemd als laatste rustplaats voor de stoffelijke resten van martelaren, geheel af te bouwen.

Torcello bereikt u via lijn 12. Deze stopt hier ieder uur. In de zomermaanden kunt u dit eiland in de weekeinden het beste mijden, omdat het dan vergeven is van de toeristen en van families uit de stad Venetië, die de drukte en de hitte van de stad ontvluchten.

Lido

Het Lido is een langgerekte landtong van circa 12 km lang en 4 km breed tussen de lagune en de zee. De prachtige stranden van fijn zand trokken halverwege de vorige eeuw vele reizigers aan. Tal van beroemde schrijvers, zoals Byron, Shelley, Musset en anderen, bezochten het eiland en schreven erover. In de laatste decennia van de vorige eeuw verscheen in hoog tempo het ene hotel- of vakantiehuizencomplex na het andere, want het Venetiaanse Lido werd de meest populaire badplaats van Europa. Gelukkig doet het in het geheel niet denken aan oorden als het Spaanse Benidorm.

De grootste charme van het Lido is dus het strand en vooral de boulevard met hotels in de art deco-stijl. Een van de beroemdste voorbeelden is het *Grand Hotel Des Bains*, waar de film *Death in Venice* van Visconti werd opgenomen. Dit hotel had zijn bloeiperiode in de eerste twintig jaar van deze eeuw, toen vooral miljonairs hier logeerden. In die tijd floreerden ook de andere grand-hotels langs de boulevard. Nog steeds is de sfeer van die vrolijke eerste twee decennia van deze eeuw hier terug te vinden, maar tegenwoordig heeft deze tevens duidelijk morbide trekken vanwege het verval. Dit alleen maakt het al een bezoek waard, maar vooral ook de nu weer zo actuele art deco-architectuur. Mooie voorbeelden van deze stijl zijn verder hotel Hungaria en Villino Gemma aan de Via Dardanelli.

De hotels Des Bains en *Excelsior* vormen de belangrijkste lokaties van het Venetiaanse filmfestival. Dit is nog steeds een van de belangrijkste festivals ter wereld. Het eerste werd gehouden in 1932. Men startte ermee om de film hetzelfde gewicht te geven als andere kunstvormen. Aanvankelijk viel het geheel onder de tweejaarlijkse kunstten-

toonstelling de Biennale, die al een van de belangrijkste ter wereld was op het gebied van muziek en beeldende kunst. Het succes van het filmfestival oversteeg al snel dat van de tweejaarlijkse megakunstmanifestatie. Het festival werd een jaarlijks terugkerend evenement. Vooral in de jaren zestig was het in veel opzichten toonaangevend. Dit was de tijd van de *nouvelle vague*, waarin Godard, Antonioni, Pasolini en Visconti op het festival schitterden. Het internationale belang van het filmfestival in Venetië is langzaam maar zeker afgenomen, omdat Venetië steeds meer concurrentie van andere filmfestivals kreeg.
Het eiland dankt zijn grandeur voor een belangrijk deel aan de glamour van het filmfestival en niet te vergeten aan alle extra faciliteiten, zoals een van de eerste luchthavens voor privévliegtuigen. Het Lido telt nog steeds veel golf- en tennisbanen, een groot aantal luxe vakantievilla's en buurten vol heren- en landhuizen. Het leven is hier 'upmarket'. Minpunt is dat hier auto's mogen rondrijden, maar een voordeel daarvan is dat het eiland goede busverbindingen kent. Verder is het zeker aantrekkelijk om hier een fiets te huren. Dat kan op de hoek van Gran Viale en Via Zara.
Het is de moeite waard om fietsend of lopend de bezienswaardigheden van het Lido te bekijken, waarvan sommige enkele eeuwen oud zijn. Langs de Rivièra Santa Maria Elsabetta, op de hoek met Via Cipro, is bijvoorbeeld het oude *joodse kerkhof* met grafstenen uit de 16e en 17e eeuw. Aan het eind van de weg vindt u resten van twee 16e-eeuwse forten *'Forte di San Nicolo'* en *'Forte di Sant' Andrea'*. Vlakbij is de boulevard met hotel Des Bains en Excelsior.
Het Lido is een prettig eiland om naar het strand te gaan, maar in zee zwemmen is niet aan te bevelen, vanwege de vervuiling.
Het eiland is binnen tien minuten te bereiken met de bootlijnen 1, 2, 4, 6 en 11 vanaf de Riva degli Schiavoni.

San Michele

Sinds de 16e eeuw functioneert *San Michele* als het kerkhof van Venetië. Er ligt een aantal beroemde doden, zoals de componist Igor Stravinsky, die in New York stierf, maar in Venetië begraven wilde worden naast de Russische balletimpresario Serge Diaghilev, de geestelijke vader van Stravinsky's balletten zoals *Petroesjka* en *De Vuurvogel*. Een andere beroemde dode hier is de dichter Ezra Pound. Paters in bruine habijten waken over de graven en de kerk. De bijbehorende San Michelekerk is ontworpen door Codussi. Het was de eerste renaissancekerk van Venetië.
U bereikt dit eiland binnen tien minuten met lijn 52 vanaf Fondamenta Nuove.

Giudecca

Tijdens de bloeitijd van de republiek functioneerde het eiland Giudecca als zomeroord voor bewoners van het Canal Grande en omgeving. Zij waardeerden de rust van dit kleine, smalle eiland, dat bestond uit een natuurgebied, waarin de zeven daarin verscholen kloosters de stilte niet verstoorden. Die rust is nog steeds terug te vinden, ondanks de honderden huizen die de plaats van de meeste kloosters innamen. Eén klooster wist te overleven: het *Redentoreklooster*. Hier wonen tientallen bebaarde kapucijnen met bruine pijen.
De *Redentorekerk* werd in 1576 gebouwd in de hoop een pestepidemie te bezweren. Deze had al ruim vijftigduizend mensen de dood ingejaagd. Architect Andrea Palladio ontwierp de kerk op zeventigjarige leeftijd in zijn destijds zeer vooruitstrevende, heldere geometrische vormen.
U bereikt het dicht bij het San Marcoplein gelegen eiland vanaf de halte Zattere met lijn 82. Op de derde zondag in juli wordt rondom deze halte het Redentore-festival gehouden. Dan creëert men een brug van boten tussen de Zattere en de stad Venetië. Vroeger liepen hierover de do-

Hoofdingang San Marcokerk

Rialtobrug

Traditionele monnik op het eiland Giudecca

De San Marcokerk in het water

De trouwzaal met uitzicht op het Canal Grande

Het carnaval, een onvergetelijk feest

ge en zijn gevolg als onderdeel van een processie. De feestelijkheden daaromheen duurden vroeger wel drie dagen. Tegenwoordig beperken deze zich tot een dag en is de religieus getinte processie vervangen door een groot vuurwerk.
Vlakbij ligt de Zitelle-kerk uit 1586, ontworpen door Palladio. In de 18e en 19e eeuw hoorde hier een kostschool bij voor meisjes die 'arm, maar eerlijk' waren. Zij leerden hier kantwerken en produceerden vervolgens de dure Venetiaanse kant. Tegenwoordig is in dit gebouw een expositieruimte ingericht.
Op de zuidoostkust van het eiland staat het luxehotel Cirpiani in een eigen park. Het beschikt over een verwarmd zwembad van gezuiverd zeewater.
Lopend naar de andere kant van het eiland is het interessant om niet langs de kust, maar midden door een volkswijk te lopen, om hier te zien hoe de gewone Italianen leven. Een eiland voorbij de Il Redentore-kerk vindt u de *Santa Eufemiakerk* uit de 9e eeuw. Er is niet meer zoveel van die tijd te herkennen. Het interieur is grotendeels 18e-eeuws, maar de kerk heeft enkele bijzondere kunstwerken, zoals de schildering van 'San Rocco en de engel' van Bartolomeo Vivarini uit 1480. Deze vindt u op het eerste altaar aan de rechterkant. Verder verzorgde Canaletto veel decoraties.
Achter de kerk ligt langs de Rio Santa Eufemia een mooie tuin vol met rozen.

San Giorgio

De geschiedenis van San Giorgio is nauw verbonden met de benedictijnen. Zij stichtten hier in 982 een klooster en Napoleon trof dit nog bijna onveranderd vol monniken aan. San Giorgio functioneerde niet alleen als klooster, maar ook als prestigieus gastenverblijf voor logés van zeer hoge adel of uit de top van de Kerk.
Tegenwoordig vervult het eiland een soortgelijke dubbel-

rol via de Fondazione Giorgio Cini, die het eiland in 1951 grotendeels opkocht.
Veel ruimten van het klooster zijn gevuld met de vele kunstwerken die Giorgio Cini verzamelde. Er leven nog steeds monniken, maar er worden ook congressen gehouden. Zeer rustgevend is de mooie binnentuin en bijzonder is ook het luxe botenhuis.
Het belangrijkste bouwwerk van het eiland is de *San Giorgio Maggiore* uit 1566 van architect Andrea Paladio. Hij bouwde deze kerk in zijn bekende classicistische stijl. Ze bevat een aantal schilderingen van beroemde meesters, zoals 'Het laatste avondmaal' van Tintoretto. De ruim 70 m hoge toren is een van de beste uitzichtpunten van Venetië.

Alarmnummers en nuttige adressen

Politie: 113
Ambulance: 5230000
Brandweer: 115
Wegenwacht, Automobile Club d'Italia: 116

Italiaans verkeersbureau
Stadhouderskade 2
1054 ES Amsterdam
Tel. 020-6168244/6168245
Fax 020-6188515

Culturele afdeling van de Italiaanse ambassade
Keizersgracht 564
1017 EM Amsterdam
Tel. 020-6265314/6263987

Belgisch consulaat
San Marco 2632
Fondamenta Corner Zaguri
Tel. 041-5226083

Nederlands consulaat
San Marco 423
Calle Specchieri
Tel. 041-5283416

ANWB-hoofdkantoor
Nederland 070-3147147

Verkeersbureaus in Venetië
San Marco
Ascensione 71c
Tel. 5226356
Fax 5298730

Ferrovia Santa Lucia (Centraal Station)
Tel. 5298727
Fax 719078

Lido
Tel. 5265721
Fax 5298720

Bezienswaardigheden

Voor wie met de auto naar Venetië gaat, gelden voor alle navolgende bezienswaardigheden dezelfde parkeermogelijkheden:
P op het eiland Tronchetto, in de Garage Comunale op de Piazzale Roma of in de Garage San Marco op de Piazzale Roma.

Arsenaal (Arsenale)
⌂ Arsenale, Castello. ⏲ Niet toegankelijk voor publiek; lijn 52 vaart erdoorheen. 🚌 Lijn 1 naar Arsenale; lijn 52 naar Tana. 🚶.
Waar de grootste vloot van de Middeleeuwen werd gebouwd (zie pag. 83).

Ca'd'Oro
Zie: Galleria Franchetti

Campanile di San Marco
⌂ Piazza San Marco, San Marco. ☎ 5224064. ⏲ Dag.

9.00-17.00 uur. Ⓕ Entreegeld verschuldigd. 🚌 Lijn 1, 3, 4, 82, N naar San Marco. 🚶.☺.
Vanaf deze toren hebt u een formidabel uitzicht (zie pag. 43).

Ca'Pesaro
⌂ Ca'Pesaro, San Stae, Santa Croce 2076. ☎ Museo Orientale: 5241173, Galleria d'Arte Moderna: 721127. 🕒 Museo Orientale: di-zo 9.00-14.00 uur, Galleria d'Arte Moderna: gesloten wegens restauratie. Ⓕ Entreegeld verschuldigd. 🚌 Lijn 1, N naar San Stae. 🚶.
Twee interessante musea in een uit drie palazzi samengesteld gebouw (zie pag. 54).

Ca'Rezzonico
Zie: Museo del Settecento.

Dogenpaleis (Palazzo Ducale)
⌂ Piazzetta San Marco, San Marco 1. ☎ 5204287, 5224951. 📠 5285028. 🕒 April-okt. dag. 8.30-19.00 uur, nov.-maart dag. 9.00-17.00 uur. Ⓕ Entreegeld verschuldigd. 🚌 Lijn 1, 3, 4, 82, N naar San Marco. 🚶. ☛ Ma-di en do-zo driemaal per dag de Itinerari Segreti, een rondleiding door de geheime vertrekken van de dogen en de kerkers waar onder andere Casanova uit ontsnapt is (reserveren); walkman.
Het magnifieke paleis vanwaaruit 1000 jaar lang Venetië werd bestuurd (zie pag. 44).

Erberia
⌂ Rialto, San Polo. 🕒 Ma-za 8.00-12.00 uur. Ⓕ Gratis. 🚌 Lijn 1, 3, 82, N naar Rialto. 🚶. 🍴 Veel restaurants in de omgeving. ☕ Veel cafés in de omgeving. ☺.
De groente- en levensmiddelenmarkt van Venetië (zie pag. 70).

Bezienswaardigheden C-E

Fondaco dei Turchi
⌂ Fondaco dei Turchi, Santa Croce. ☎ Museo di Storia Naturale: 5240885. ◷ Gesloten wegens restauratie tot in het jaar 2000. ƒ Entreegeld verschuldigd (wanneer het weer open is). 🚌 Lijn 1, N naar San Stae. 🚶.☺.
Een natuurhistorisch museum in het oude pakhuis annex wooncomplex van de Turken (zie pag. 54).

Galleria Franchetti
⌂ Ca'd'Oro, Cannaregio. ☎ 5238790. ◷ Dag. 9.00-13.30 uur. ƒ Entreegeld verschuldigd. 🚌 Lijn 1, N naar Ca'd'Oro. 🚶.
Achter de rijk versierde gevel van het 'Gouden Huis' zijn doeken van onder anderen Carpaccio en Titiaan te bewonderen (zie pag. 00).
In het schitterende 'Gouden Huis' is de collectie van Giorgio Franchetti ondergebracht (zie pag. 68).

Gallerie dell'Accademia
⌂ Campo della Carità, Dorsoduro. ☎ 5222247. ◷ Di-zo 9.00-22.00 uur, ma 9.00-14.00 uur. ƒ Entreegeld verschuldigd. 🚌 Lijn 1, 3, 4, 82, N naar Accademia. 🚶. ☛ Walkman. ♿.
Het mooiste museum van Venetië, met ontelbare meesterwerken (zie pag. 49).

Gesuiti
⌂ Campo dei Gesuiti, Cannaregio. ☎ 5286579. ◷ Dag. 10.00-12.00 en 17.00-19.00 uur. ƒ Gratis. 🚌 Lijn 52 naar Fondamenta Nuove. 🚶.
Zeer weelderig versierde jezuïetenkerk (zie pag. 67).

La Fenice
⌂ Campo San Fantin, San Marco 1965. ☎ 5210161, 786562. 🖷 786580. ◷ Gesloten wegens wederopbouw

tot ongeveer eind 1999. Ⓕ De prijs van een concert. 🚌 Lijn 1 naar Santa Maria del Giglio. 🚶.
Het mooiste operagebouw ter wereld werd in de as gelegd, maar de wederopbouwwerkzaamheden vorderen gestaag (zie pag. 48).

Libreria Vecchia (Libreria Sansoviniana)
⌂ Piazzetta San Marco, San Marco. ☎ Libreria: 5208788; Museo Archeologico: 5225978. ⏲ Libreria: alleen voor rondleidingen, zie ☛. Museo Archeologico: dag. 9.00-14.00 uur. Ⓕ Gratis. 🚌 Lijn 1, 3, 4, 82, N naar San Marco. 🚶.☛ Libreria: dag. om 10.00, 11.00 en 12.00 uur.
Prachtige oude banden in de bibliotheek van Sansovino; voorts een archeologisch museum (zie pag. 44).

Madonna dell'Orto
⌂ Campo Madonna dell'Orto, Cannaregio 3511. ☎ 719933. ⏲ Ma-za 10.30-17.30, zo 15.00-17.30 uur. Ⓕ Entreegeld verschuldigd. 🚌 Lijn 52 naar Madonna dell'Orto. 🚶.
Parochiekerk van Tintoretto, vol met zijn schilderwerken (zie pag. 66).

Museo Civico Correr
⌂ Procuratie Nuove en Ala Napoleonica, Piazza San Marco, San Marco 52. ☎ 5225625. 🖷 5200935. ⏲ April-okt. dag. 9.00-19.00 uur, nov.-maart dag. 9.00- 17.00 uur. Ⓕ Entreegeld verschuldigd. 🚌 Lijn 1, 3, 4, 82, N naar San Marco. 🚶.
Fraaie collectie Venetiaanse kunstwerken en gebruiksvoorwerpen.
Museum ontstaan uit de nalatenschap van Teodoro Correr, met de befaamde 'Courtisanes' van Carpaccio (zie pag. 47).

Museo d'Arte Ebraica/Museo Comunità Israelitica
⌂ Campo del Ghetto Nuovo, Cannaregio 2902. ☎ 715359. ⏲ Okt.-mei zo-vr 10.00-16.00 uur, juni-sept. zo-vr 10.00-19.00 uur, gesloten za en joodse feestdagen. ⓕ Entreegeld verschuldigd. 🚌 Lijn 52 naar Guglie. 🚶. ☛ Rondleidingen vanuit het museum langs verschillende synagogen dag. behalve zaterdag 10.30-17.30 ('s winters tot 15.30) uur eenmaal per uur om 30 min. over het hele uur.
Het museum dat een indruk geeft van het leven van de Venetiaanse joden (zie pag. 65).

Museo di Storia Naturale
Zie: Fondaco dei Turchi.

Museo Vetrario di Murano
⌂ Fondamento Giustinian 8, Murano. ☎ 739586. ⏲ 's Zomers ma-di, do-zo 10.00-17.00 uur, 's winters ma-di, do-zo 10.00-16.00 uur. ⓕ Entreegeld verschuldigd. 🚌 Lijn 52 naar Museo. 🚶.
Schitterende verzameling van het beroemde glaswerk uit Murano (zie pag. 90).

Museo del Settecento
⌂ Ca'Rezzonico, Fondamenta Rezzonico, Dorsoduro 3136. ☎ 2418506, 2410100. ⏲ Mei-okt. za-do 10.00-17.00, nov.-april za-do 10.00-16.00 uur. ⓕ Entreegeld verschuldigd. 🚌 Lijn 1 naar Ca'Rezzonico. 🚶. ☺.
Fraai museum, dat toont hoe de rijke Venetianen leefden in de 18e eeuw (zie pag. 50).

Museo Diocesano d'Arte Sacra
⌂ Chiostro di S. Apollonia, Ponte della Canonica, Castello 4310. ☎ 5229166. ⏲ Ma-za 10.30-12.30 uur. ⓕ Toegang gratis, gift wordt gewaardeerd. 🚌 Lijn 1, 23, 82 naar San Zaccaria. 🚶. ☛ Op verzoek.

Museum van gewijde kunst in en achter de enige Romaanse kruisgang van Venetië (zie pag. 76).

Museo Fortuny

⌂ Campo San Benedetto, San Marco 3780. ☎ 5200995. ◷ Di-zo 9.00-18.30 uur. ⓕ Entreegeld verschuldigd. 🚌 Lijn 1 naar Sant'Angelo. 🚶.
Schilderijen en stoffen van de excentrieke Spaanse kunstenaar (zie pag. 48).

Museo Storico Navale

⌂ Campo San Biagio, Arsenale, Castello 2148. ☎ 5200276. ◷ Ma-za 9.00-13.30 uur, gesloten op feestdagen. ⓕ Entreegeld verschuldigd. 🚌 Lijn 1 naar Arsenale. 🚶.☺.
Scheepsmodellen, landkaarten, gondels, Chinese jonken, kortom alles wat met de zee te maken heeft (zie pag. 82).

Palazzo Balbi

⌂ Rio di Ca'Foscari, San Polo. ◷ Niet toegankelijk voor publiek. 🚌 Lijn 1, 82, N naar San Tomà. 🚶.
Hier is nu het provinciebestuur gevestigd (zie pag. 57).

Palazzo Farsetti

⌂ Fondamenta del Carbon, San Marco. ◷ Niet toegankelijk voor publiek. 🚌 Lijn 1, 3, 82, N naar Rialto. 🚶.
Het gemeentehuis van Venetië, waar Europese stellen graag in het huwelijksbootje stappen (zie pag. 55).

Palazzo Labia

⌂ Campo San Geremia, Cannaregio. ☎ 5242812. ◷ Wo-vr 15.00-16.00 uur na telefonische afspraak. ⓕ Gratis. 🚌 Lijn 52 naar Ponte Guglie, lijn 1, 82, N naar San Marcuola. 🚶.

Het gebouw waar nu de RAI (Italiaanse radio en televisie) zetelt, is opgeluisterd met fresco's van Tiepolo (zie pag. 63).

Palazzo Loredan

Fondamenta del Carbon, San Marco 2945. Niet toegankelijk voor publiek. Lijn 1, 3, 82, N naar Rialto.

In het bij het Palazzo Farsetti gevoegde palazzo is ook het gemeentebestuur gehuisvest (zie pag. 55).

Palazzo Vendramin-Calergi

Calle Larga Vendramin, Cannaregio. 5297111. Casino: okt.-april dag. vanaf 16.00 uur. Entreegeld verschuldigd voor het casino, behalve voor hotelgasten. Lijn 1, 82, N naar San Marcuola.

Het palazzo waarin Wagner overleed, dient in de winter als casino (zie pag. 69).

Peggy Guggenheimmuseum (Collezione Peggy Guggenheim)

Palazzo Venier dei Leoni, San Gregorio, Dorsoduro 701. 5206288. 5206885. Wo-ma 11.00-18.00 uur. Entreegeld verschuldigd. Lijn 1, 3, 4, 82, N naar Accademia.

Het vermaarde museum van de verzamelaarster van kunst en echtgenoten (zie pag. 50).

Pescheria

Campo della Pescheria, San Polo. Di-za 8.00-12.00 uur. Gratis. Lijn 1, 3, 82, N naar Rialto. Veel eetgelegenheden in de omgeving. Veel cafés in de omgeving. ☺.

Hier ziet u alles wat in de wereldzeeën zwemt, maar wel bestemd voor consumptie (zie pag. 70).

Pietàkerk (Chiesa della Pietà)
⌂ Riva degli Schiavoni, Castello 3701. ☎ 5222171. ⊙ Juli-aug. dag. 9.30- 12.30 en 15.30-18.30 uur. ⓕ Gratis. 🚌 Lijn 1, 23, 82 naar San Zaccaria. 🚶.
De kerk van Vivaldi, die nog steeds dient als concertzaal (zie pag. 85).

Procuratie Nuove
Zie: Museo Civico Correr.

Procuratie Vecchie
⌂ Piazza San Marco, San Marco. ⊙ Niet toegankelijk voor publiek. 🚌 Lijn 1, 3, 4, 82, N naar San Marco. 🚶.
Hier regelden de procuratoren het administratieve reilen en zeilen van Venetië (zie pag. 42).

Redentorekerk (Il Redentore)
⌂ Campo Redentore, Giudecca 195. ☎ 5231415. ⊙ Ma-za 10.00-17.30, zo en feestdagen 15.00-17.30 uur. ⓕ Entreegeld verschuldigd. 🚌 Lijn 82, N naar Redentore. 🚶.
De majestueuze kerk van Palladio, die werd neergezet als dank voor het einde van de pestepidemie (zie pag. 96).

San Geremia
⌂ Campo San Geremia, Cannaregio. ☎ 716181. ⊙ Dag. 7.00-12.00 en 15.00-19.00 uur. ⓕ Gratis. 🚌 Lijn 1, 3, 4, 52, 82, N naar Ferrovia. 🚶.
De kerk waarin de overblijfselen van Santa Lucia rusten (zie pag. 63).

San Giorgio Maggiore
⌂ San Giorgio Maggiore. ☎ 5289900. ⊙ Dag. 9.30-12.30 en 14.45-17.00 uur. ⓕ Entreegeld verschuldigd. 🚌 Lijn 82, N naar San Giorgio. 🚶.

Een van de meesterwerken van Palladio, in zijn karakteristieke neoklassieke stijl (zie pag. 98).

San Giovanni in Bragora
⌂ Campo Bandiera e Moro, Castello. ☎ 5205906. ⊙ Ma-za 8.30-11.00 en 15.00-19.00, zo 10.00-11.00 uur. ⓕ Gratis. 🚌 Lijn 1 naar Arsenale. ♿.
De kerk waar Vivaldi werd gedoopt (zie pag. 82).

San Marcokerk (Basilica di San Marco)
⌂ Piazza San Marco. ☎ Galleria: 5225205; Pala d'Oro en Tesoro: 5225697. ⊙ Basilica, Pala d'Oro en Tesoro: okt.-mei ma-za 9.45-16.00 uur, zo 14.00-16.00 uur, juni-sept. ma-za 9.45-17.30, zo 14.00-17.30 uur; Galleria: okt.-mei dag. 9.45-16.00, juni-sept. dag. 9.45-17.30 uur. ⓕ Entreegeld verschuldigd, behalve voor basilica. 🚌 Lijn 1, 3, 4, 82, N naar San Marco. ♿.☛ April-okt. wo en vr 's ochtends.
De wereldberoemde, aan St.-Marcus gewijde basiliek, die al vele malen is verbouwd (zie pag. 45).

San Polokerk (Chiesa di San Polo)
⌂ Campo San Polo, San Polo. ☎ 5237631. ⊙ Ma-za 10.00-17.30, zo en feestdagen 15.00-17.30 uur. ⓕ Entreegeld verschuldigd. 🚌 Lijn 1 naar San Silvestro. ♿.
Veelvuldig herbouwde kerk met onder meer werk van Tintoretto (zie pag. 71).

Santa Foscakerk
⌂ Torcello. ☎ 730084. ⊙ Dag. 10.00-12.30 en 14.00-17.00 uur. ⓕ Gratis. 🚌 Lijn 12 van Fondamenta Nuove naar Torcello. ♿.
Onafgebouwde kerk uit de 12e eeuw (zie pag. 93).

Santa Maria dell'Assunta
⌂ Torcello. ☎ 730084. ⊙ Dag. 10.00-12.30 en 14.00-

17.00 uur. ⓕ Entreegeld verschuldigd. 🚌 Lijn 12 van Fondamenta Nuove, halte Torcello. 🚶.
De oudste kerk van Venetië, met een mooi mozaïek van het Laatste Oordeel (zie pag. 93).

Santa Maria dei Miracoli
⌂ Campo dei Miracoli, Cannaregio 6067. ☎ 5235293. 🕒 Ma-za 10.00-17.30, zo en feestdagen 15.00-17.30 uur. ⓕ Entreegeld verschuldigd. 🚌 Lijn 1, 3, 82, N naar Rialto. 🚶.
Fraai renaissancejuweel, waar de Venetianen graag in het huwelijk treden (zie pag. 81).

Santa Maria del Giglio (Zobenigo)
⌂ Campo Santa Maria del Giglio, San Marco. ☎ 5225739. 🕒 Ma-za 10.00-17.30, zo en feestdagen 15.00-17.30 uur. ⓕ Entreegeld verschuldigd. 🚌 Lijn 1 naar Santa Maria del Giglio. 🚶.
Een van de meest karakteristieke scheppingen van de Venetiaanse barok (zie pag. 47).

Santa Maria della Salute
⌂ Campo della Salute, Dorsoduro. ☎ 5225558. 🕒 Dag. 9.00-12.00 en 15.00-17.30 uur. ⓕ Gratis. 🚌 Lijn 1 naar Salute. 🚶.
Het majestueuze meesterwerk van Longhena is gebouwd op 1.106.657 palen (zie pag. 58).

Santa Maria Formosa
⌂ Campo Santa Maria Formosa, Castello. ☎ 5234645. 🕒 Ma-za 8.30-12.30 en 17.00-19.00 uur, zo alleen voor de ochtendmis. ⓕ Gratis. 🚌 Lijn 1, 3, 82, N naar Rialto. 🚶.
Kerk uit 1492 met twee voorgevels (zie pag. 79).

Santa Maria Gloriosa dei Frari
Campo dei Frari, San Polo 3072. ☎ 5222637. Ma-za 9.00-18.00, zo en feestdagen 15.00-18.00 uur. Entreegeld verschuldigd, behalve tijdens de mis en op feestdagen. Lijn 1, 82, N naar San Tomà.
Titiaan, Donatello, Bellini: een mooie collectie schilderkunst van de 14e tot de 18e eeuw (zie pag. 72).

Santi Giovanni e Paolo (Zanipolo)
Campo Santi Giovanni e Paolo, Castello 6363. ☎ 5237510. Ma-za 7.30-12.30 en 15.30-19.00, zo 15.00-18.00 uur. Gratis. Lijn 1, 3, 82, N naar Rialto; lijn 23 naar Ospedale.
Het Pantheon van de dogen, met een geweldige kunstcollectie (zie pag. 79).

San Zaccaria
Campo San Zaccaria, Castello. ☎ 5221257. Dag. 10.00-12.00 en 16.00-18.00 uur. Gratis, behalve de kapellen. Lijn 1, 23, 82 naar San Zaccaria.
Kerk die heeft kennisgemaakt met alle bouwstijlen; prachtige 'Madonna met Kind' van Bellini (zie pag. 77).

Scalzikerk (Chiesa degli Scalzi)
Fondamenta Santa Lucia, Cannaregio. ☎ 715115. Ma-za 9.30-12.00 en 15.30-19.00, zo 15.30-17.30 uur. Gratis. Lijn 1, 3, 4, 52, 82, N naar Ferrovia.
Barokkerk van Longhena, genoemd naar de 'barrevoetse' karmelieten (zie pag. 62).

Scuola Canton
Campo del Ghetto Nuovo, Cannaregio. ☎ 715359 (Museo Ebraico). Tijdens rondleiding, zie ☛. Entreegeld verschuldigd voor rondleiding langs de synagogen. Lijn 52 naar Guglie. ☛ Rondleidingen

vanuit Museo Ebraico langs verschillende synagogen dag. behalve zaterdag 10.30-17.30 ('s winters tot 15.30) uur eenmaal per uur om 30 min. over het hele uur. De rijk versierde synagoge van de asjkenazische joden (zie pag. 65).

Scuola dei Merletti
Piazza Galuppi, Burano. ☎ 730034. April-okt. wo-ma 10.00-17.00 uur, nov.-maart wo-ma 10.00-16.00 uur; gesloten officiële feestdagen. Entreegeld verschuldigd. Lijn 12, 14 naar Burano.
In de school van de kantwerksters ziet u de vrouwen van Burano druk in de weer (zie pag. 89).

Scuola di San Giorgio degli Schiavoni
Calle Furlani, Castello. ☎ 5228828. April-okt. di-za 9.30-12.30 en 15.30-18.80, zo 15.30-18.00 uur, nov.-maart di-za 10.00-12.30 en 15.00-18.00, zo 15.00-18.00 uur; 1 jan., 1 mei en 25 dec. gesloten. Entreegeld verschuldigd. Lijn 1, 23, 82 naar San Zaccaria.
De meesterwerken van Carpaccio in de scuola van de Dalmatiërs (zie pag. 81).

Scuola di San Marco
Campo Santi Giovanni e Paolo, Castello. ☎ Bibliotheek: 5294323, kerk: 5225662. Bibliotheek: ma-za 8.30-12.00 uur (aanbellen), kerk: ma-za 7.00-12.00, zo 8.00-10.00 uur. Gratis. Lijn 1, 3, 82, N naar Rialto; lijn 23 naar Ospedale.
Voormalig kunstinstituut van Lombardo en Codussi, tegenwoordig een ziekenhuis (zie pag. 80).

Scuola Grande di San Rocco
Campo San Rocco, San Polo 3054. ☎ 5234864. April-okt. dag. 9.00-17.30 uur, nov. en maart dag. 10.00-16.00 uur, dec.-feb. ma-vr 10.00-13.00, za-zo

10.00-16.00 uur. ⓕ Entreegeld verschuldigd. 🚌 Lijn 1, 82, N naar San Tomà. 🚶.☛ Walkman.
De kerk van de pestheilige Rochus, met een fantastische collectie Tintoretto's (zie pag. 72).

Scuola Italiana
⌂ Campo del Ghetto Nuovo, Cannaregio. ☎ 715359 (Museo Ebraico). ⓒ Tijdens rondleiding, zie ☛. ⓕ Entreegeld verschuldigd voor rondleiding langs de synagogen. 🚌 Lijn 52 naar Guglie. 🚶.☛ Rondleidingen vanuit Museo Ebraico langs verschillende synagogen dag. behalve zaterdag 10.30-17.30 ('s winters tot 15.30) uur eenmaal per uur om 30 min. over het hele uur.
De synagoge van de Italiaanse joden (zie pag. 65).

Scuola Levantina
⌂ Campiello delle Scuole, Cannaregio. ☎ 715359 (Museo Ebraico). ⓒ Tijdens rondleiding, zie ☛. ⓕ Entreegeld verschuldigd voor rondleiding langs de synagogen. 🚌 Lijn 52 naar Guglie. 🚶.☛ Rondleidingen vanuit Museo Ebraico langs verschillende synagogen dag. behalve zaterdag 10.30-17.30 ('s winters tot 15.30) uur eenmaal per uur om 30 min. over het hele uur.
De synagoge van de Levantijnen, de sefardische joden (zie pag. 65).

Scuola Spagnola
⌂ Campiello delle Scuole, Cannaregio. ☎ 715359 (Museo Ebraico). ⓒ Tijdens rondleiding, zie ☛. ⓕ Entreegeld verschuldigd voor rondleiding langs de synagogen. 🚌 Lijn 52 naar Guglie. 🚶.☛ Rondleidingen vanuit Museo Ebraico langs verschillende synagogen dag. behalve zaterdag 10.30-17.30 ('s winters tot 15.30) uur eenmaal per uur om 30 min. over het hele uur.
De synagoge van de Spanjaarden, sefardische joden (zie pag. 65).

Scuola Tedesca
Campo del Ghetto Nuovo, Cannaregio. ☎ 715359 (Museo Ebraico). Tijdens rondleiding, zie ☛. Entreegeld verschuldigd voor rondleiding langs de synagogen. Lijn 52 naar Guglie. ☛ Rondleidingen vanuit Museo Ebraico langs verschillende synagogen dag. behalve zaterdag 10.30-17.30 ('s winters tot 15.30) uur eenmaal per uur om 30 min. over het hele uur. De weelderig versierde Duitse synagoge (zie pag. 65).

Toeristische informatie

Voor toeristische informatie kan men terecht bij:
– A.P.T.: *azienda di promozione turistica*
– *ufficio* I.A.T.: *informazioni ed accoglienza turistica*
– *ufficio informazioni turistiche.*

Deze bureaus geven informatie over steden, bezienswaardigheden, dienstregelingen, culturele activiteiten. U kunt er geen hotel, trein of kaartje voor een concert reserveren.

De openingstijden hangen af van de grootte van de stad en het seizoen.

Waar is het VVV-kantoor?	*Senta, dov'è l'ufficio informazioni turistiche?*
Heeft u een plattegrond van de stad?	*Ha una piantina della città, per favore?*
Kunt u mij informatie geven over ...	*Mi potrebbe dare qualche informazione su ...?*
Hoeveel moeten we u hiervoor betalen?	*Quanto Le dobbiamo per questo?*
Wat zijn de belangrijkste bezienswaardigheden?	*Quali sono i monumenti più interessanti da vedere?*
Kunt u die aanwijzen op de kaart?	*Me li potrebbe indicare sulla mappa?*
Wat raadt u ons aan?	*Cosa ci consiglia?*

We blijven hier een paar uur	*Ci fermeremo qui per qualche ora*
– een dag	*Ci fermeremo qui per un giorno*
– een week	*Ci fermeremo qui per una settimana*
We zijn geïnteresseerd in ...	*Siamo interessati in ...*
Kunnen we een stadswandeling maken?	*E' possibile seguire un itinerario turistico per la città?*
Hoelang duurt die?	*Quanto dura?*
Waar is het startpunt/eindpunt?	*Dove comincia/finisce?*
Zijn er hier rondvaartboten?	*E' possibile fare un giro in battello?*
Waar kunnen we aan boord gaan?	*Dove possiamo imbarcarci?*
Zijn er rondritten per bus?	*E' possibile fare un giro della città in pullman?*
Waar moeten we opstappen?	*Dove possiamo salire?*
Is er een gids die Engels spreekt?	*C'è una guida che parli inglese?*
Welke uitstapjes kan men in de omgeving maken?	*Quali gite si possono fare nei dintorni?*
Zijn er excursies?	*Ci sono delle escursioni?*
Waar gaan die naar toe?	*Dove vanno?*
We willen naar ...	*Vogliamo andare a ...*
Hoelang duurt die tocht?	*Quanto tempo dura quell'escursione?*
Hoelang blijven we in ...?	*Per quanto tempo ci fermeremo a ...?*
Zijn er rondleidingen?	*Ci sono delle visite guidate?*
Hoeveel tijd hebben we daar voor onszelf?	*Quanto tempo libero avremo là?*

We willen een trektocht maken	*Vogliamo fare un giro a piedi*
Kunnen we een gids huren?	*E' possibile prendere in servizio una guida?*
Kan ik berghutten reserveren?	*E' possibile prenotare dei rifugi alpini?*
Hoe laat gaat ... open/dicht?	*A che ora apre/chiude ...?*
Op welke dagen is ... geopend/gesloten?	*Quali sono i giorni che ... è aperto/a/chiuso/a?*
Hoeveel is de toegangsprijs?	*Quanto costa un biglietto d'ingresso?*
Is er reductie voor groepen?	*C'è uno sconto per gruppi?*
– kinderen	*C'è uno sconto per bambini?*
– 65+	*C'è uno sconto per anziani?*
Mag ik hier fotograferen (met flits)/filmen	*Qui è permesso fotografare (con il flash)/filmare?*
Verkoopt u ansichtkaarten met ... erop?	*Sono in vendita delle cartoline con ...?*
Heeft u een – in het Nederlands?	*Ha un/una – in olandese?*
– catalogus	*Ha un catalogo in olandese?*
– programma	*Ha un programma in olandese?*
– brochure	*Ha un opuscolo in olandese?*

Elektriciteit

De netspanning is overal 220 volt, behalve in sommige woonhuizen in oude wijken. Soms is een extra verloopstekker nodig om ervoor te zorgen dat elektrische apparaten uit België en Nederland in het stopcontact passen.

Alfabetische dranken- en gerechtenlijst

acciuga ansjovis
acqua (minerale) (mineraal) water
affettati koude vleeswaren
affogato gepocheerd
affumicato gerookt
aglio knoflook
agnello lamsvlees
amatriciana, all' met tomatensaus met spek en Spaanse peper
anguilla (carpionata) paling (in 't groen)
anitra eend
aranciata sinas
arista gebraden varkenslende
arrabbiata, all' met tomatensaus, knoflook en Spaanse peper
arrosto gebraden (stuk) vlees
asparago asperge
bianco (in) met boter en Parmezaanse kaas
birra bier
bistecca biefstuk of ander stuk rundvlees
bollito gekookt; gekookt rundvlees
braciola varkenskarbonade
brasato gesmoord; gesmoord rundvlees
brodo bouillon
bruschetta geroosterd brood met knoflook en olijfolie
budion pudding
bue os, rund
burro boter
cacciatore, alla met tomatensaus en champignons
caffè corretto/ macchiato zwarte koffie met drank/een wolkje melk
caffè freddo ijskoffie
caffè (lungo/ ristretto) (minder sterke/ extra sterke) zwarte koffie
caffellatte koffie met melk, cappuccino
calamaro pijlinktvis
cannelloni gevulde deegrolletjes
cappero kappertje
cappuccino koffie met opgeklopte melk
carbonara, alla met spek, eieren en kaas
carciofo artisjok
carota wortel
carpa karper
crettiera, alla met tomatensaus met tonijn en champignons
casalingo eigengemaakt
cassata ijsgerecht met cake en vruchten

cavolfiore (rapa) bloemkool
cavolini di Bruxelles spruitjes
cavolo (rapa) kool(raap)
ceci kikkererwten
cervello hersenen
cervo hert
cetriolino augurk
cetriolo komkommer
cicoria andijvie
cinghialino (jong) wild zwijn
cioccolata chocolademelk
cipolla ui
coda di bue ossenstaart
condito aangemaakt
coniglio konijn
cosce di ranocchio kikkerbilletjes
coscia boutje
costata kotelet (rundvlees)
costoletta kotelet (kalfs-, varkens- of lamsvlees)
cozze mosselen
crema vla
crostini stukjes geroosterd brood
crudo rauw
digestivo digestief
erba kruiden; groente uit het veld
erba cotta gekookte groente, te vergelijken met andijvie
espresso sterke zwarte koffie
fagiano fazant
fagioli bonen
fagiolini sperziebonen
faraona parelhoen
farcito gevuld
fegato lever
ferri, ai gegrilleerd
fetta/fettina plakje
filetto filet; haas (stuk rundvlees)
finocchio venkel
forno,al gebakken in de oven
frappé milkshake
frittata omelet
fritto gebakken in olie
frizzante mousserend
frullato milkshake (van vers fruit)
frutti di mare zeebanket
funghi champignons, paddestoelen
gamberetto garnaal
gambero kreeft
gelato ijs
ghiaccio (con) (met) ijs
giardiniera, alla met gemengde groente
gnocchi noedels
granchio krab
gran(o)turco maïs
grappa gedistilleerd (van druivenpitten)
gratin, al gebakken met kaas en/of paneermeel
griglia, alla gegrilleerd, geroosterd
imbottito gevuld
infuso kruidenthee
intingolo di lepre hazenpeper

involtino blinde vink
latte melk
lepre haas
limone (al) (met) citroen
lingua tong (vlees)
liquore likeur
lombata/lombo lendestuk (rundvlees)
luccio snoek
lumache slakken
macceroni macaroni
macedonia di frutta vruchtensalade
manzo rundvlees
marinato gemarineerd
melanzana aubergine
merluzzo kabeljauw
miele honing
minestrone groentesoep
molluschi weekdieren
noce noot (ook van vlees); walnoot
noce moscata nootmuskaat
olio olie
oliva olijf
osobuco kalfsschenkel
ostrica oester
pancetta mager ontbijtspek
pane (integrale/ tostato) (volkoren, bruin/geroosterd) brood
panino (imbottito) (belegd) broodje
panna (montata) (slag)room
Parmigiano Parmezaanse kaas
passata puree
pasta deeg, beslag, gebak
pastasciutta macaroni, spaghetti enz. met saus
pasta sfoglia bladerdeeg
pasticcio pasteitje
patate frite gebakken aardappels, frieten
pecora schaap, schapenvlees
Pecorino schapenkaas
penne soort macaroni
peperoncino Spaanse peper
peperone paprika
pesto kruidige saus van basilicum, kaas en pijnboomnootjes
petto borst
piccione duif
piselli doperwtjes
pizzaiola, alla met tomatensaus, paprika, champignons en basilicum
pollo kip
polpetta gehaktbal
pomodoro tomaat
porchetta geroosterd speenvarken
porcini boleten, eekhoorntjesbrood
porco varkensvlees
porto port
prezzemolo peterselie
prosciutto ham
puttanesca, alla met knoflook, kappertjes en zwarte olijven
quaglia kwartel

ragù vleessaus voor de pasta
riccio di mare zee-egel
rigatoni soort macaroni
ripieno gevuld
riso rijst
risotto gerecht op basis van gekookte rijst
rognone niertje
rosbiff roastbeef
salame worst, salami
salmone zalm
salsa saus
salsiccia worst(je), saucijs
saltimbocca kleine schnitzel met ham
salumi vleeswaren
sambuca anijslikeur
sarda, sardina sardientje
scaloppina kalfslapje
scampi grote garnalen
secco droog, gedroogd
sedano selderij
sel(t)z spuitwater
selvaggina wild
semifreddo soort ijstaart
senape mosterd
seppia inktvis
sogliola tong
sottaceti in azijn ingemaakte groente
spalla schouderstuk
spezatino gestoofde stukjes kalfsvlees
spiedo, allo aan het spit
spina, alla van het vat
spinaci spinazie
spremuta vers vruchtensap
spumante Italiaanse champagne
S.Q. secondo quantità prijs afhankelijk van de hoeveelheid
stracciatella bouillon met geklutst ei en Parmezaanse kaas; ook ijs met stukjes chocola
stufato gesmoord, gestoofd; gestoof rundvlees
succo di frutta vruchtensap
sugo saus
taccino kalkoen
tagliatelle lintmacaroni
tartufo truffel; ijscoupe
tè thee
testa (di vitello) (kalfs)kop
tonno tonijn
torta taart
tortellini gevulde deegringetjes
trippa pens van het kalf
trita(ta) gehakt vlees
trota forel
uova strapazzate roerei
uovo affogato/in camicia gepocheerd ei
uovo al tegame/fritto gebakken ei, spiegelei
uovo, all' (gemaakt met) ei
uovo alla coque/ da bere/sodo halfzacht/ rauw/hardgekookt ei
vaniglia vanille
verdura groente

vino bianco/rosso/rosato witte/rode wijn/rosé
vitello kalfsvlees
vongola schelpdier
zabaione zoete, warme wijnschuimvla
zucchero suiker
zucchina courgette
zuppa soep
zuppa alla pavese bouillon met gepocheerd ei op toost
zuppa inglese stuk taart in rum of likeur geweekt

Culinaire woordenlijst

aangebrand *bruciato*
aardappel *patata*
aardbeien *le fragole*
ananas *ananas (m.)*
ansjovis *acciuga*
aperitief *aperitivo*
appel *mela*
appelmoes *passato di mele*
artisjokken *i carciofi*
asperges *gli asparagi*
aubergine *melanzana*
banaan *banana*
bestellen (in restaurant e.d.) betalen *pagare*
bier *birra*
bloemkool *il cavolfiore*
bon (kwitantie) *lo scontrino*
bord (eten) *piatto*
boter *burro*
bouillon *brodo*
champagne *lo champagne*
citroen *il limone*
cognac *il cognac*
courgete *zucchina*
dagschotel *piatto del giorno*
dank u wel *grazie*
dessert *il dolce*
dieet *dieta*
dineren *cenare*
doperwten *i piselli*
druiven *l'uva*
ei *uovo*
flauw (eten) *insipido*
fles *bottiglia*
fles (voor baby) *poppatoio*
fooi *mancia*
forel *trota*
frambozen *i lamponi*
frisdrank *bevanda*
fruit *frutta*
garnalen *i gamberetti*
gebakken *fritto*
gebraden *arrostito*
gehakt *la carne tritata*
geitenkaas *formaggio caprino*
gekookt *cotto*
gekruid *aromatizzato*
gerecht *piatto*
gerookt *affumicato*
geroosterd *alla griglia*

gestoofd	*stufato*
gevogelte	*il pollame*
glas	*vetro*
grilleren	*arrostire sulla griglia*
groente	*verdura*
groentesoep	*il minestrone*
ham (gekookt)	*prosciutto (cotto)*
ham (rauw)	*prosciutto (crudo)*
haring (vis)	*aringa*
hartig	*saporito*
houden van (iets)	*amare*
ijs (consumptie-)	*gelato*
ijsblokjes	*ghiaccio*
inclusief	*incluso*
ja	*sì*
kaas (oude, jonge)	*formaggio (vecchio, giovane)*
kabeljauw	*merluzzo*
kalfsvlees	*vitello*
kersen	*le ciliege*
kinderstoel	*il seggiolone*
kip	*pollo*
koffie	*il caffe*
komkommer	*cetriolo*
kotelet	*costoletta*
kreeft	*gambero*
kruiden	*le spezie*
lepel	*cucchiaio*
macaroni	*i maccheroni*
maïs	*granturco*
mals	*tenero*
margarine	*margarina*
mayonaise	*la maionese*
melk	*il latte*
meloen	*il melone*
mes	*coltello*
mineraalwater	*acqua minerale*
nee	*no*
noten (gemengd)	*le noci*
ober	*il cameriere*
oesters	*le ostriche*
olijfolie	*olio d'oliva*
olijven	*le olive*
paling	*anguilla*
pannenkoek (flensje)	*la crèpe*
paprika	*il peperone*
patates frites	*le patate fritte*
peer	*pera*
peper	*il pepe*
perzik	*pesca*
pikant	*piccante*
port (wijn)	*(vino di) porto*
prei	*porro*
prijslijst	*listino prezzi*
proost	*cin cin*
pruim	*prugna*
pudding	*budino*
rauw	*crudo*
rauwkost	*le verdure crude*
reçu	*ricevuta*
reserveren	*prenotare*
restaurant	*il ristorante*
rietje	*cannuccia*
rijst	*riso*
rode wijn	*vino rosso*
rosé	*rosato*
rozijnen	*uva secca*
rundvlees	*manzo/la carne bovina*
salade	*insalata*
salami	*il salame*

sap	*succo*
sardines	*le sardine*
saus	*sugo*
serveerster	*cameriera*
servet	*tovagliolo*
sinaasappel	*arancia*
slagroom	*panna*
soep	*zuppa*
sorbet	*sorbetto*
spaghetti	*gli spaghetti*
stokbrood	*filoncino*
suiker	*lo zucchero*
taai	*duro*
taart	*torta*
thee	*il tè*
toeristenmenu	*il menù turistico*
tomatenketchup	*il ketchup*
tomatenpuree	*estratto di pomodoro*
tong (vis)	*sogliola*
tonic	*acqua tonica*
tonijn	*tonno*
ui	*cipolla*
varkensvlees	*la carne di maiale*
vegetariër	*vegetariano*
vers	*fresco*
vis	*il pesce*
vlees	*la carne*
vork	*forchetta*
vruchtensap	*succo di frutta*
w.c.	*gabinetto*
wijn	*vino*
wijnkaart	*lista dei vini*
wit	*bianco*
worst	*salsiccia*
wortel	*carota*
yoghurt	*lo iogurt*
zoet	*dolce*
zout (zn)	*il sale*
zuur	*all'aceto*

Eten en drinken

Venetië is een culinair paradijs. Vrijwel overal kunt u uitstekend eten. Opmerkelijk is wel dat daarvoor een zeer uiteenlopende prijs wordt gevraagd. Een pizza kan zowel 5000 als 20.000 lire kosten terwijl er kwalitatief geen verschil is. Meestal hangt dit samen met de lokatie van het restaurant. De eetgelegenheden in en rond de buurt van het toeristische San Marcoplein zijn zeer prijzig. Wijken zoals Dorsoduro, San Polo en het westelijke deel van Castello bieden vaak dezelfde kwaliteit en ambiance, maar veel meer authentieke sfeer, voor een vriendelijker prijs. Een belevenis die culinair

Menukaart

antipasti	voorgerechten (hors d'oeu-vres)
cacciagione	wild
carne	vlees
contorai	groente
coperto	couvert
digestivo	likeurtje/drankje na de maaltijd
dolci	gebak/nagerecht
formaggi	kaas
frutta	fruit
gelati	ijs
insalata	salade/sla
IVA.	BTW
legumi	peulvruchten
minestre	soep
pane	brood
pasta(sciutta)	deegwaren
pesce	vis
pizze	pizza's
pollame	gevogelte
primo piatto	eerste gerecht
secondo piatto	tweede gerecht
servizio (compreso)	bediening (inbegrepen)
specialità	specialiteiten
spuntini	snacks
verdure	groenten

gezien eenvoudiger maar vrijwel altijd toch van goede kwaliteit is, is eten in de volksbuurten van Cannaregio of Castello.
Voor meer informatie over de Venetiaanse keuken: zie Regionale keuken. Voor informatie over restaurants: zie Restaurants.

De Venetianen lunchen tussen 12.00 en 14.00 uur en beginnen met dineren tussen 19.00 en 21.00 uur. Daarnaast is het de gewoonte om kort te pauzeren in een barretje. Dit gebeurt rondom lunchtijd en vlak voor het diner. Dit verzetje tussendoor noemt men hier een *ombra*. Dit houdt doorgaans het drinken van een glas witte wijn in en het eten van wat snacks, zoals *cicheti* (gehaktballetjes) of kleine porties gefrituurde vis of groenten en hardgekookte eieren. Tegen de avond bezoeken Italianen vaak een *bacaro*, een wijnbar. Dit is de ontmoetingsplaats voor groepen vrienden en buurtgenoten. Vooral in de wijk San Polo zijn veel bacari.

Dranken Het kraanwater heeft een chloorsmaak. De Venetianen prefereren daarom mineraalwater. Bijna alle buitenlandse dranken die in België of Nederland te koop zijn, vindt u ook in Venetië. Wanneer u een 'coffee' of 'caffè' bestelt, krijgt u automatisch espresso. Wie koffie met melk drinkt, bestelt een cappuccino.
De lokale wijn is niet altijd van goede kwaliteit. Maar gelukkig is de huiswijn vrijwel altijd een zeer goede keus, ook in de goedkopere restaurants.

Excursies

Diverse organisaties, die niet altijd een lang leven zijn beschoren, organiseren excursies in Venetië zelf en naar de omliggende eilanden. Hun folders met het actuele aanbod vindt u bij de bureaus voor toeristeninformatie en bij de grotere hotels.
Overigens is Venetië bij uitstek een stad waar het goed lukt om zelf te reizen en bezienswaardigheden te vinden, omdat de meeste attracties en hotels in de buurt van het Canal Grande te vinden zijn en diverse vapo-

retti-haltes al de namen van de bezienswaardigheden dragen.
De meeste musea geven tekst en uitleg in diverse moderne westerse talen.

Feestdagen en festiviteiten

– *Februari*: carnaval van Venetië, elf dagen tussen 8 en 28 februari. Venetië verandert dan in een groot decor van een theater. In de *calli* en op de *campi* wisselen voorstellingen en dansen elkaar af.
– *Hemelvaartsdag*: *Festa della Sensa*. Op die dag wordt nagespeeld hoe de doge vroeger jaarlijks de zee huwde, de zee waar de stad zoveel aan te danken had. De doge trouwt met de zee door een ring in het water te gooien. Tijdens dit feest herleeft het verleden door alle historische boten en kostuums.
– *Eerste zondag na Hemelvaartsdag*: *Vogalonga*, een roeimarathon voor gondels en andere boten met een studentikoos karakter. De marathon start bij de voorkant van het Dogenpaleis. De binnen- en buitenlandse teams die hieraan meedoen, zetten koers naar het Sant'Elena-paleis op Burano en varen terug via het Canale di Cannaregio en het Canal Grande. Alles bij elkaar is het een tocht van 32 km.
– *Laatste zondag in mei*: 'Regatta van de vier zeevarende republieken'. Dit is een gondel- en roeirace tussen Amalfi, Genua, Pisa en Venetië in de Venetiaanse lagune, vlak bij het San Marcoplein.
– *Juni* (tijdens even jaartallen): 'Biennale', een van de belangrijkste kunsttentoonstellingen van de wereld. De Biennale vindt plaats rondom het park Giardini Pubblici di Sant'Elena in het oostelijk deel van de stad. Het tentoonstellingsterrein omvat dertig paviljoens, waarin moderne kunst uit de hele wereld is te zien.

– *Tweede weekend in juli*: Redentore-festival en regatta. Een week voordat dit oudste festival van Venetië van start gaat, zijn er in de hele stad veel optredens van muziek- en theatergroepen. Tijdens het festival is de lagune tussen Dorsoduro en de Redentore voorzien van een drijvende brug van boten. 's Avonds barst een groot vuurwerk los.
– *Eerste zondag in september*: Historische Regatta. Dan is het grootste aantal historische boten en kostuums van het jaar te zien. Tijdens dit festival herdenkt men de legendarische redding van Venetiaanse bruiden uit de handen van piraten. Dit gebeurt onder meer door middel van een processie van boten en *gondolas* over het Canal Grande.
– *1-12 september*: Filmfestival van Venetië.
– *Tweede zondag in oktober*: marathon van Venetië voor hardlopers.
– *21 november*: *Festa della Salute.* Feest van de heilige die waakt over de gezondheid. Hierbij herdenkt men het einde van de pestplaag in 1630 met een processie die voert over twee drijvende bruggen over het Canal Grande.

Tip

De herfst biedt vele interessante evenementen, zoals het *Filmfestival* in de eerste helft van september. De moeite waard is ook de *marathon voor hardlopers* op de tweede zondag in oktober. Dit is een speciaal evenement als u bedenkt dat Venetië vrijwel geen brede rechte wegen of verende park- of bospaden kent. En waar brede kaden zijn, worden ze steeds onderbroken door hoge bruggen met traptreden. Goed voor de conditie, maar zeker ook voor de alertheid.

Feestdagen (algemene vrije dagen)*

1 januari	Nieuwjaar
	Paaszondag en -maandag
25 april	Bevrijdingsdag
1 mei	Dag van de Arbeid
15 augustus	Maria-Hemelvaart
1 november	Allerheiligen
21 november	Festa della Madonna della Salute
8 december	Maria-Onbevlekte-Ontvangenis
25/26 december	Kerstmis

* Geen feestdagen zijn Goede Vrijdag, Hemelvaartsdag en Pinkstermaandag.

Gehandicapte reizigers

Venetië heeft zich de laatste jaren zeker ingespannen om de stad beter toegankelijk te maken voor rolstoelers. Maar merkbaar blijft dat het land in Europa achterloopt op het gebied van faciliteíten voor gehandicapten. Nog maar sinds enkele jaren geldt bijvoorbeeld de regel dat nieuwe openbare gebouwen toegankelijk moeten zijn voor zelfstandige rolstoelers. Toch is er in Venetië gelukkig al keus uit diverse hotels, die speciaal staan aangegeven in de hotellijst van de APT.
De overal aanwezige historische bebouwing in de stad heeft helaas voor gehandicapten vaak een keerzijde, want de meerderheid is voorzien van obstakels zoals hoge drempels. Gelukkig zijn grote delen van de meeste musea wel rolstoelvriendelijk. Een meevaller is bovendien dat de varende stadsbussen, de vaporetti, brede loopplanken kennen, die rustig stijgen naar het dek van de boten. Pech is vervolgens dat vrijwel geen stad ter wereld zoveel bruggen telt als Venetië. En dan gaat het vaak om bruggen met treden. Wie deze niet kan

trotseren mist zo'n veertig procent van de openbare gebouwen. Gelukkig krijgen steeds meer bruggen liften, zoals die bij Palazzo Dolfin-Manin en Ponte Santa Chiara op het eiland Murano.
De meeste bewegingsvrijheid biedt een speciale bootservice voor gehandicapten die geregeld kan worden via Laguna Servizi, tel. 5224472. Verder bestaat er een speciale kaart met reisinformatie voor gehandicapten onder de titel Veniceforall, verkrijgbaar bij Ulss, Dorsudoro 3493, vlak bij Piazzale Roma.

Geld- en bankzaken

Munteenheid: Italiaanse Lira (ITL of L)
1000 L = ca. *f* 1,12/21 BF

Openingstijden banken en postkantoren

Banken	8.30-13.30 en 14.30-16.00 uur
Postkantoren	8.00-14.00 uur

Er zijn **munten** van 50, 100, 200 en 500 lire. Soms geeft men telefoonmuntjes als wisselgeld, of soms zelfs snoepjes.
Bankbiljetten bestaan in coupures van 1000, 2000, 5000, 10.000, 50.000 en 100.000 lire. Dergelijke hoge getallen dankt Italië aan de inflatie die vele decennia lang meer dan 20 procent per jaar was.
In Venetië worden dezelfde internationale **creditcards** en **betaal- en reischeques** geaccepteerd als in Nederland. Let op de bekende vignetten of dat van CartaSì.
Girobetaalkaarten kunnen op het postkantoor worden geïnd. Bij het innen van betaalkaarten moet de bijbehorende bankpas en een geldig paspoort worden getoond.

San Marcoplein

De poort van het Arsenaal

Joods Ghetto met 17e-eeuwse wolkenkrabbers

Vrijwel alle banken hebben een geldautomaat (*Sportello automatico*), bekend onder de naam 'Bancomat'. De banken geven een iets betere koers dan de vele wisselkantoren met ruimere openingstijden. Bovendien rekenen ze minder kosten voor het wisselen. Bij sommige kantoren loopt dit wel op tot tien procent. Bij de hotels ligt dit percentage vaak nog veel hoger.

Godsdienst

In Venetië is nog duidelijk te merken dat Italië een land is waar vrijwel de gehele bevolking tot de Rooms-Katholieke Kerk behoort.
In alle kerken worden nog drukbezochte missen gehouden. Tal van mooie, kleine kapelletjes geven soms op zeer onverwachte plaatsen extra charme aan de

> **Tip**
>
> Wanneer u in de warmste zomermaanden de hitte van Venetië wilt ontvluchten, kies dan een hotel op een van de langgerekte eilanden tussen de lagune en de Adriatische Zee. Daar is het heerlijk koel na een dag in een warme, levendige stad. Een fijne overgang tussen de stad en het buitengebeuren vormt de boottocht. Binnen tien minuten tot circa een halfuur vaart u naar een van de badplaatsen op de *lidi*.
> Toch hoeft u weinig te missen van alle cultuur en het zomerse buitenleven van de stad Venetië, want de laatste boot vertrekt omstreeks twaalf uur 's nachts. Een aangename bijkomstigheid is dat de hotels in deze badplaatsen, behalve dan op het Lido di Venezia, maar een fractie kosten van die in Venetië zelf.

stad. Daarnaast valt op dat de trouwgondels, met de stellen die letterlijk in de huwelijksboot stappen, altijd naar de kerk varen en vrijwel nooit naar het stadhuis. Het altaar is hier veel belangrijker dan de wet.

Na het katholicisme is de joodse godsdienst de meest voorkomende in Venetië. Eind jaren dertig telde de stad tienduizenden joden. Sinds de holocaust zijn dat er nog maar enkele honderden. De meesten wonen in het Ghetto in de wijk Cannaregio. Deze wijk was tussen 1497 en 1797 de enige plek in Venetië waar ze mochten wonen. Tegenwoordig is het een vervallen, maar toch nog steeds schilderachtige buurt, waar u tussen de koosjere slagers en jiddische bakkerijen vijf synagogen vindt. Ze vallen nauwelijks op vanwege hun sobere gevels en smalle deuren. Na een smal gangetje en een klein trappetje naar de eerste verdieping volgt een verrassing. De joodse godshuizen zien er prachtig en overdadig uit: veel kroonluchters en houtsnijwerk. Uit angst voor racisten werden ze goed verstopt.

Klimaat en beste reistijd

Het historische centrum van Venetië, dat maar 80.000 inwoners telt, wordt jaarlijks overspoeld door ongeveer 2,5 miljoen toeristen en 10 miljoen dagjesmensen. In het hoogseizoen, van half juni tot eind augustus, is de stad meer dan overvol. De meest ideale bezoektijd is de lente of de herfst. Het is dan redelijk rustig en de temperatuur is nog aangenaam. Bovendien biedt de stad in het voor- en naseizoen tal van interessante evenementen, zoals de Biennale. Deze grootste modernekunstmanifestatie wordt eens in de twee jaar gehouden. Meestal wordt de Biennale begeleid door een grote tentoonstelling over moderne architectuur. Daarnaast biedt de stad interessante festivals zoals het filmfestival en een festival van moderne klassieke muziek. In de winter is Venetië rustig, maar ook melancholiek, vooral op het water van de mistige lagune. Het geheel wordt opgevrolijkt door het carnaval, dat de stad sinds enkele jaren weer uitbundig viert in het vroege voorjaar.

Gemiddelde temperatuur in graden Celsius

mei	juni	juli	aug.	sept.
11,5	15	17,5	17,5	15
20,5	25	27,5	27,5	24

Het weer

Wordt het mooi/slecht weer?	*Avremo bel/cattivo tempo?*
Wordt het kouder/warmer?	*Farà più freddo/più caldo?*
Hoeveel graden wordt het?	*Quanti gradi ci saranno?*
Gaat het regenen?	*Pioverà?*
– stormen?	*Ci sarà una tempesta?*
– sneeuwen?	*Nevicherà?*
– vriezen?	*Gelerà?*
– dooien?	*Sgelerà?*
– misten?	*Ci sarà la nebbia?*
Komt er onweer?	*Avremo un temporale?*
Het weer slaat om	*Il tempo cambia*
Het koelt af	*Farà freddo*
Wat voor weer wordt het vandaag/morgen?	*Che tempo farà oggi/domani?*

afoso	benauwd
aspro	guur

assolato	zonnig
bello	mooi
brina	ijzel
caldissimo	heet
forza del vento moderata/forte/molto forte	windkracht (matig/krachtig/hard)
freddo umido	guur, kil
fresco	fris
gelo	vorst
gelo notturno	nachtvorst
ghiaccio	ijs
... gradi (sotto/sopra zero)	... graden (onder/boven nul)
grandine	hagel
mite	zacht
nebbia	mist
neve	sneeuw
nuvolosità	bewolking
ondata di caldo	hittegolf
pioggia	regen
poco/più o meno/molto nuvoloso	licht/half/zwaar bewolkt
raffiche di vento	rukwinden
rovescio di pioggia	regenbui
sereno	onbewolkt
soffocante	snikheet
soleggíato	zonnig
tempesta	storm
umido	nat
vento	wind
ventoso	winderig

Kranten en tijdschriften

Veel Venetiaanse kiosken verkopen in het hoogseizoen de belangrijkste kranten van België en Nederland. In de overige seizoenen vindt u meestal alleen de buitenlandse kranten die in hun land de grootste oplage hebben.
De culturele agenda van Venetië staat in het tijdschrift voor toeristen *Un Ospite di Venezia*, dat hierover zowel in het Engels als het Nederlands verhaalt. Tevens geeft het actuele informatie over bezienswaardigheden, restaurants en hotels. Een alternatief vormt het blad *Marco Polo*, een Engelstalig tijdschrift dat meer onafhankelijke culturele recensies verzorgt.

Nachtleven

Venetië is wat het nachtleven betreft doorgeslagen van het ene uiterste naar het andere. Eens was nergens ter wereld zoveel van dit vertier aanwezig als hier, nu zijn er weinig steden op de aardbol waar zo weinig nachtclubs en aanverwante zaken te vinden zijn. Vrijwel de enige nachtclub van de stad is Casino Municipal, een casino annex nachtclub, dat in de lente en de zomer op het Lido functioneert, tel. 5260626. Buiten het toeristenseizoen verhuist het naar het Palazzo Vendramin-Calergi aan het Canal Grande, Cannaregio 2040, tel. 720444. Verder bieden de grote hotels bars die tot in de nacht open zijn en soms ook iets van een disco weg hebben. De enige jongerendisco in het 'oude' Venetië (dus afgezien van het Lido en Mestre) is El Souk, bij vaporetto-halte Accademia in de Calle Corfù (Dorsoduro), op weg naar de studentenbuurt.

Openingstijden

Banken	8.30-13.30 en 14.30-16.00 uur
Postkantoren	8.00-14.00 uur, za 8.00-12.30 uur
Winkels	9.00-12.30 en 15.30-19.30 uur

De meeste winkels zijn op maandagmorgen gesloten, levensmiddelenzaken zijn gewoonlijk op woensdagmiddag gesloten.
Het **hoofdpostkantoor** bij de Rialtobrug blijft geopend tot 19.00 uur, maar cheques kunnen uiterlijk tot 14.00 uur worden verzilverd.
Musea varen, wat openingstijden betreft, vaak een eigenzinnige koers. Ze variëren deze bovendien per seizoen. Vooraf even bellen geeft lang niet altijd zekerheid, omdat de telefoon in de kleinere musea tijdens openingstijden vaak niet wordt opgenomen. Maar 's morgens, behalve op maandag, bent u vrijwel altijd zeker van een open museumdeur. Ze openen dan om 9.00 of 9.30 uur en sluiten doorgaans tussen 12.00 en 13.00 uur. Een redelijk groot aantal is ook 's middags geopend tussen 14.30 of 15.00 uur en 17.30 uur. Kerken kennen soortgelijke openingstijden, hoewel ze wat langer, tot 19.00 open zijn. In grote toeristische trekpleisters, zoals de San Marco, zijn toeristen de hele dag welkom.

Overnachtingsmogelijkheden

Hotels Hotelaccommodatie is in Venetië gemiddeld circa dertig procent duurder dan in andere Italiaanse steden. Dat is zo omdat het een schaars goed is. In het hoogseizoen is het vrijwel onmogelijk om op de bonnefooi iets redelijks te vinden. Wie de stad dan wil bezoeken, doet er verstandig aan vooraf te boeken.

Top-5 hotels

1. *Danieli*, Castello 4196, tel. 5226480, gelegen aan de Riva Degli Schiavoni. Een sfeervol vijfsterrenhotel uit 1822 met een fin de siècle-sfeer. In de tijd van de grand tours logeerden hier George Sand, Alfred de Musset, Charles Dickens, Wagner, Debussy en Proust. Het luxe restaurant boven in het restaurant biedt een geweldig uitzicht op de Venetiaanse lagune. Prijscategorie: zeer duur.

2. *San Cassiano*, Ca Favrettto, Santa Croce 2232, tel. 5241768. Dit prachtig aan het Canal Grande gelegen driesterrenhotel is gevestigd in een palazzo met hoge rijk versierde plafonds vol kroonluchters. Wie hier logeert waant zich in een historisch Venetiaans filmdecor. Vooral in een van de zeven kamers vol kandelaars die grenzen aan het Canal Grande. Prijscategorie: gemiddeld.

3. *Antica Locanda Montin*, Dorsoduro 1147, tel. 5227151. Dit is een klein hotelletje, boven een uitstekend restaurant, gelegen aan een smal karakteristiek kanaal in de wijk Dorsoduro. Prijscategorie: budget.

4. *Des Bains* op het eiland Lido. In dit mooie traditionele hotel in art deco-stijl werd een belangrijk deel van de film *Death in Venice* opgenomen. Prijzen: vanaf 310.000 lire voor een tweepersoonskamer. Tel. 5265921.

5. *Hotel Abbazia* was vroeger een abdij. Sindsdien lijkt er uiterlijk weinig veranderd te zijn aan de sfeer en het meubilair en dat is de charme ervan. Prijzen vanaf 140.000 lire per kamer. Tel. 717333.

Wilt u op het station of vliegveld alvast iets boeken, dan kan dat bij de 'hotelbook service' op het Piazzale Roma of het vliegveld. Hier zijn doorgaans alleen de middenklasse en luxe hotels te boeken. Als u iets eenvoudigers zoekt, maak dan gebruik van een actuele hotelbrochure, die op veel plaatsen verkrijgbaar is. Daarin vindt u de telefoonnummers van de hotels en pensions, en een prijsindicatie. Veel betaalbare hotels zijn te vinden in de buurt van het station in de wijk Cannaregio.
Is vrijwel ieder hotel bezet, dan verdient het overweging uit te wijken naar plaatsen die vanuit Venetië met de veerboot binnen een halfuur zijn te bereiken. Dit zijn bijvoorbeeld de strandplaatsen Punta Sabbioni en Lido di Jessolo of de stad Mestre. Hier logeert u bovendien vaak de helft goedkoper dan in Venetië. Uiterst voordelig zijn de weekarrangementen van sommige touroperators naar plaatsjes in de directe omgeving, zoals bijvoorbeeld Lido di Jessolo. Vaak zijn die eerder gerubriceerd onder de strand- dan de stedenvakanties.
In Venetië beginnen de prijzen voor een kamer met L 60.000 per nacht in eenvoudige pensions tot L 300.000 à 990.000 per nacht in luxehotels. Een redelijk geprijsd tweesterrenhotel kost, zonder bad of douche, ongeveer L 110.000 per nacht.

Jeugdherberg Venetië telt maar één jeugdherberg. Deze ligt uitzonderlijk mooi tegenover het Dogenpaleis op het eiland Giudecca, vlak bij de vaporetto-halte Zitelle. In het hoogseizoen is hier doorgaans alleen maar plek voor wie er al om 15.00 uur in de rij gaat staan. Het adres is Fondamenta Zitella 86, tel. 38211.

Kamperen Het is niet mogelijk om te kamperen in de stad Venetië zelf, noch op de Venetiaanse eilanden of op het Lido. De meest nabije campings zijn te vinden rondom Mestre en op het schiereiland Cavallino. Te bereiken met bootlijn 12, 14 en 15 vanaf Venetië.

Post en telefoon

Het hoofdpostkantoor is te vinden aan de Fondaco dei Tedeschi, bij de Rialtobrug. **Postzegels** worden niet alleen bij de postkantoren verkocht, maar ook bij sigarenwinkels (*tabaccheria*) en in sommige hotels. **Telefooncellen** vindt u buiten op vele straathoeken en verder in de stations en bars. De manier van betalen hangt vooral af van de ouderdom van de openbare telefoon. Alleen de oudere exemplaren accepteren nog munten van L 100 en L 200, de nieuwere werken ook met munten van L 500. Een belangrijk aantal accepteert alleen telefoonmuntjes (*gettone*), die onder meer verkocht worden bij bars, hotels, sigarenwinkels en postkantoren. Een toenemend aantal openbare telefoons werkt alleen met telefoonkaarten, voor L 5000, L 10.000 of L 15.000 verkrijgbaar bij sigarenwinkels.
Het hoofdpostkantoor heeft een 24-uurs telegramservice. Maar u kunt dit ook telefonisch regelen door 186 te draaien.

Telefoneren
Vanuit Nederland
00 – 39 – 2 – abonneenummer
Vanuit België
00 – 39 – 2 – abonneenummer
Naar Nederland
00 – 31 – kengetal zonder 0 – abonneenummer
Naar België
00 – 32 – kengetal zonder 0 – abonneenummer

Top-3 restaurants

1. *Trattoria Al Gaffaro*, 164 Fondamenta Minotto, vlak bij Piazza Roma. Een gezellig restaurant vol Venetianen. Prima eten en een leuke sfeer. Met wat geluk zorgt de eigenaar met behulp van (gratis) likeurtjes en hilarische verhalen voor extra vrolijkheid. Prijsklasse: budget.

2. *Alla Madonna*, San Polo 594, vlak bij de Rialto-brug. Dit traditionele restaurant biedt een ruime keus visschotels. Het geniet een goede reputatie onder de plaatselijke bevolking. Neem lijn 1, 3, 4, 82 of N naar Rialto. Prijsklasse: gemiddeld.

3. *Alla Colomba*, San Marco 1664-5, vlak bij het San Marcoplein. Dit is een beroemd visrestaurant, gefrequenteerd door artistiek Venetië. Het restaurant bestaat al sinds het begin van de 18e eeuw. Een belangrijk deel van het interieur is nog authentiek. Zowel de sfeervolle ambiance als de echte Venetiaanse keuken genieten een grote reputatie. Prijsklasse: duur.

Restaurants

Naast de in de top-3 genoemde restaurants worden de volgende aanbevolen:

Budget

– *San Trovaso*, Fondamenta Priuli, Dorsoduro 1016. Lijn 1, 3, 4, 82, N, uitstappen bij de halte Accademia. Een trattoria die goede pasta's serveert.
– *Al Bacareto*, Salizzada San Samuele, San Marco 3447. Neem lijn 1 naar San Angelo, San Samuele. Deze levendige trattoria vlak bij het Palazzo Grassi wordt gefrequenteerd door studenten en artiesten.

Gemiddeld

– *Antica Mola*, Fondamenta degli Ormesini, Cannaregio 2800. Voortreffelijk, authentiek restaurant vlak bij het Ghetto. Hier komen weinig toeristen. De gastvrije eigenaar roert ook zijn mond en wordt niet moe om flessen wijn aan te dragen.

Probeer pasta con vongole, een risotto of baccalà, maar alles is lekker.

– *Da Raffaele*, Fondamenta delle Ostreghe, San Marco 2347. Reis met de vaporetto naar San Marco of Santa Maria del Giglio. De kaart geeft Venetiaanse specialiteiten ruim baan. U proeft ze op een prettig terras langs het kanaal.

– *Corte Sconta*, Calle del Pestrin, Castello 3886. Kies voor lijn 1 naar het Arsenaal. Een restaurant met een prachtige tuin in rustige omgeving, niet ver van het water. Een verademing als het warm is in Venetië.

– *Locanda Montin*, Fondamenta di Borgo, Dorsoduro 1147. Lijn 1, 3, 4, 82 en N naar halte Accademia. Een befaamde trattoria vol met moderne kunst. Er is een zeer aangename tuin.

– *Da Remiglio*, Salizzada dei Greci, Castello 3416. Lijn 1 naar het Arsenaal. Dit is een druk visrestaurant dat populair is bij de plaatselijke bevolking.

Duur

– *La Fenice* is een restaurant dat hoort bij het beroemde, vier palazzo's grote Hotel La Fenice et des Artistes, dicht bij het beroemde theater La Fenice in de wijk San Marco. De stijl van de keuken van dit chique restaurant is 'nouvelle cuisine'. De smaak van de kleine, prachtig vormgegeven hapjes is zonder meer uitstekend. De prijzen zijn hoog, zo'n 80.000 lire voor een gemiddeld menu, inclusief huiswijn en koffie.

Sport

Door ruimtegebrek biedt de stad Venetië weinig meer sportfaciliteiten dan roeien. Op het Lido, waar vaste grond minder schaars is, vindt u een sportpark en sporthal met onder meer **tennisbanen**. Op het Lido kunnen **fietsen** worden gehuurd, bijvoorbeeld bij Giorgio Barbieri, Via Zara 5. **Roeien** kan geregeld worden via Società Canottieri Francesco Querini, Fondamenta Nuove, Cannaregio, tel. 5222039. Op het Lido is het bovendien mogelijk om **zeilboten** te huren bij de haven. **Zwemmen** is officieel mogelijk bij de stranden van het Lido, maar eigenlijk is het niet aan te raden, vanwege de vervuiling. Zwembaden met schoon water vindt u in de mooie maar peperdure hotels Excelsior en hotel Des Bains op het Lido of bij Hotel Cipriani op het eiland Giudecca. Ze zijn toegankelijk voor zowel de hotelgasten als overige bezoekers.

Uitgaansmogelijkheden

Theaters en concertgebouwen *Carlo Goldoni Theater*, San Marco 4650, tel. 5205422. Dit theater heeft het hele jaar door goede toneelstukken op het programma staan.
– *Theatro Fondamenta Nuove*, Cannaregio, tel. 5231988.
– *La Fenice*, San Marco 2549, Campo San Frantin, tel. 5210161. La Fenice is nog steeds de koningin onder de schouwburgen en concertzalen. Velen noemen deze uitgaansgelegenheid, die uit de 18e eeuw stamt, het mooiste danstheater van de wereld. Helaas is het theater ten minste tot eind 1999 nog gesloten wegens wederopbouw, na de verwoestende brand van 1996. Daarna zal weer bijna dagelijks een, doorgaans feeste-

Tip

Vrijwel geen stad kent zulke bijzondere *theaters* als Venetië. La Fenice vinden velen het meest indrukwekkende danstheater/concertzaal ter wereld. Gelukkig zal het theater na de verwoestende brand waarschijnlijk eind 1999 weer worden geopend; tot die tijd vinden de uitvoeringen plaats in Palafenice op Tronchetto, bij de parkeergarages. Ook de 17e-eeuwse theaters Malibran en Goldoni geven een extra dimensie aan een avondje uit. In de vele gouden Venetiaanse eeuwen werden kosten nog moeite gespaard om iets bijzonders van de theaters te maken. Venetië had ook een reputatie hoog te houden, want de kunstvorm theater is voor een belangrijk deel in deze stad uitgevonden. Bovendien wemelde de stad van de beroemde componisten, dirigenten en schrijvers van toneel en theaterstukken, bijvoorbeeld Monteverdi, Vivaldi en Wagner.

lijk aangekleed, publiek hier genieten van een concert, operavoorstelling of ballet. Tot die tijd vinden de voorstellingen plaats in Palafenice, op het eiland Tronchetto, bij de parkeergarages.

Jazz Jaarlijks beleeft Venetië in september en oktober een festival voor hedendaagse muziek. Op het gebied van de moderne muziek zijn verder twee jazzclubs noemenswaardig: *Ai Postali* aan de Fondamenta Rio Marin en de *Linea d'Ombra*, een wijnbar in de wijk Dorsoduro, vlak bij de Salute-kerk.
De culturele agenda van Venetië vindt u in het tijdschrift voor toeristen *Un Ospite di Venezia*, dat hierover zowel in het Engels als het Nederlands verhaalt. Een alternatief vormt het blad *Marco Polo*, een Engelstalig tijdschrift dat meer onafhankelijke culturele recensies verzorgt. Verder kunt u ook op de aanplak-

De acht leukste kinderattracties

1. *Ca'Rezzonico* is een museum in een palazzo dat geheel is gewijd aan het 18e-eeuwse Venetië. Het poppentheatertje is de moeite waard, maar ook diverse objecten uit het dagelijks leven van die tijd, zoals een wiegje, kinderstoelen en speelgoed zijn leuk voor kinderen.

2. Het *Scheepvaartmuseum* (Museo Storico Navale), aan het eind van de Riva degli Schiavoni. Een museum met intrigerende schepen en kompassen en tekeningen van forten.

3. Met de vaporetto, richting Murano, door het *Arsenaal*. Tijdens deze tocht door de oudste scheepswerf van de wereld ziet u werven en werkplaatsen uit de vroege Middeleeuwen. Het is aan te bevelen om door te varen naar Murano, waar het vrijwel altijd mogelijk is om glasblazers in actie te zien.

4. *Natuurhistorisch museum* in de Fondaco dei Turchi.

5. Het Canal Grande oversteken met een van de zeven *traghetto's*, gondels die dienst doen als veerboot.

6. Een bezoek aan de *gondelwerf Squero San Trovaso*, een van de laatste in Venetië. Hier is te zien hoe gondels worden gebouwd en gerestaureerd.

7. Met de boot naar *Burano*. Een karakteristiek eiland, waar de tijd stil lijkt te hebben gestaan.

8. De *Rialtomarkt*, die iedere ochtend behalve op zondag wordt gehouden.

> *Tip*
>
> Een van de kleurrijkste bars van Venetië is *Bar Halla Rivetta*, Santa Croce 643, ook al ziet het interieur er uiterst eenvoudig uit. Bijzonder is dat er voornamelijk gondeliers komen. Deze staan bekend om hun humor en ook om de vele borreltjes die ze na hun werk lusten. En dat bleek. Toen wij er waren, dansten enkele gondeliers zingend op tafel.

biljetten, die overal in Venetië te zien zijn, lezen wat er allemaal in Venetië te doen is.

Cafés *Café Florian* was een van de belangrijkste ontmoetingsplaatsen in de 18e eeuw. Hier werd in die tijd niet alleen zo'n 180 dagen achter elkaar carnaval gevierd, ook werden binnengekomen schepen aangekondigd, politieke beslissingen genomen en zaken op amoureus gebied afgehandeld. Het rode pluche, het donkere hout, de exotische schilderijen en de glanzende spiegels schiepen toen al de knusse sfeer die Venetianen en reizigers nog steeds in Florian zoeken. Het café heeft de eeuwen kunnen overleven. Nog steeds is het terras aan de zuidelijke galerij van het San Marcoplein een van de meest sfeervolle van de stad. Buiten speelt meestal een orkestje. De prijzen liggen een aantal malen hoger dan elders in Venetië, zeker wanneer er live-muziek is.

Harry's Bar is een beroemd café-restaurant aan de Calle Vallaresso in de wijk San Marco. Het café ziet er eenvoudig uit, zonder opsmuk, kroonluchters, spiegels en al die dingen waarmee men elders een Venetiaanse sfeer hoopt op te roepen. Veel beroemde schrijvers bezochten dit café, zoals Ernest Hemingway. Nog steeds komen veel artistiekelingen in dit etablissement.

Wijnbars *Al Do Mori*, San Polo 429, tel. 5225401. Deze wijnbar, vlak bij de Rialtobrug, is een van de beroemdste wijnbarretjes van Venetië. Gesloten op zondag en woensdagmiddag.
– *Al Marco*, San Polo 436, tel. 5205666. Dit is een nieuwe wijnbar, die in korte tijd een goede reputatie heeft opgebouwd. In de zomer is het mogelijk om buiten een glas te drinken. Gesloten op zaterdagmiddag en zondag.
– *Antico Dolo*, San Polo, tel. 5226546. Dit is een van de meest authentieke wijnbarretjes. Jarenlang was dit het stamcafé van de schippers van de Rialtomarkt. Deze is op zondag gesloten.
– *Osteria al Ponte*, San Polo 2742, tel. 5237238. Dit is een ontmoetingsplaats voor gondeliers, arbeiders en studenten. Een van de gezelligste van de stad.

Vervoer

Erheen

Treinen en auto's kunnen de stad bereiken via de dijk die Venetië met het vasteland verbindt. Aan een auto heb je echter niets in een stad met waterstraten en looppaden. Wie hem toch in de buurt wil parkeren, kan terecht bij de parkeergarages op het Piazzale Roma (Garage Comunale en Garage San Marco) of op het eiland Tronchetto aan het eind van de dijkweg die naar Venetië voert. Wie langer dan een dag in Venetië wil blijven, kan de auto veel goedkoper of zelfs gratis parkeren op het vasteland en vervolgens met de boot of trein naar Venetië reizen. Voor wie Venetië het enige reisdoel van een vakantie is, raad ik aan met een ander vervoermiddel dan de auto te reizen. De trein heeft in dit geval mijn voorkeur, want het Stazione Santa Lucia, het eindstation in Venetië, is een van de mooiste ter wereld: hartje centrum aan het Canal Grande, het beroemdste kanaal van Venetië. De treinreis is bovendien aantrekkelijker geworden omdat het reizen in slaapcompartimenten comfortabeler en toch wat goedkoper is geworden. Er bestaan tegenwoordig ook slaapcompartimenten voor vier personen. Daarnaast is het meegenomen dat de luxere tweepersoonsslaapcompartimenten kort geleden belangrijk voordeliger werden, waardoor deze eersteklas zit- en slaapplaatsen vaak minder kosten dan een gewoon (*economy class*) vliegticket naar Venetië van de KLM of Alitalia.

Arrangementen Diverse touroperators bieden arrangementen, inclusief hotel en vlieg-, bus- of treinreis. Die zijn meestal niet duurder dan wanneer ze los van elkaar op individuele basis worden gekocht.

De voordeligste keuze is een kant-en-klaar arrangement bij een bustouroperator voor een van de strandbestemmingen vlak bij Venetië, bijvoorbeeld op Punta Sabbioni. (Binnen een halfuur vaart u naar het centrum van deze stad.) Een reis voor ruim een week kost, inclusief halfpension, vaak niet meer dan circa *f* 600,-, bijvoorbeeld te boeken bij SRC SPECIALE REIZEN CENTRALE, TEL. 050-3120100.

Vervoer vanaf het vliegveld Een van de prettigste en betaalbaarste manieren om de stad Venetië vanaf het vliegveld te bereiken is kiezen voor de vaporetto. Deze boot vertrekt doorgaans kort na de aankomst van een vliegtuig. Binnen veertig minuten vaart deze vaporetto naar het Lido en binnen 50 minuten naar San Marco. Een alternatief vormt de frequenter pendelende bus. De tocht naar Piazzale Roma duurt ongeveer 20 minuten en kost L 4000. De varende taxi berekent circa L 85.000 voor de tocht naar het San Marcoplein en ongeveer L 95.000 voor de reis naar het Lido. Voor een gewone taxi betaalt u zo'n L 25.000 naar het Piazzale Roma, want verder kunnen deze niet rijden.

Autorijden Bij pech onderweg kunnen buitenlandse toeristen een beroep doen op de Italiaanse wegenwacht, de Automobile Club d'Italia (ACI). Draai hiervoor het centrale pechnummer 116.

Ter plekke

Venetië is niet alleen per trein eenvoudig te bereiken vanuit het buitenland, maar de stad is tevens een goede uitvalsbasis voor verdere treinreizen door Italië. Het Santa Lucia-station onderhoudt verbindingen met de belangrijkste Italiaanse steden en Europese bestemmingen. Voor de snelste exprestreinen, zoals de Intercity (IC), moet doorgaans vooraf gereserveerd worden. De Rapido (R) en de Espresso (ES), stoppen bij de grotere steden. De Diretto (D), Locale (L), Accelerato (A) en Littorina (L) zijn langzame, lokale boemeltreinen.
De grote varende stadsbussen, *vaporetti*, bevaren het Canal Grande en pendelen tussen de eilanden. Ferryboten onderhouden de verbindingen met de verder weg gelegen eilanden, de lidi en het vasteland. Daarnaast zijn er de watertaxi's, die verhoudingsgewijs een veelvoud vragen van de Nederlandse of Belgische kilometerprijs per taxi. Het is altijd verstandig om vooraf een prijs af te spreken. Wel vastgesteld zijn de prijzen van de gondel, het traditioneelste en duurste vervoermiddel van de stad.
Venetië kent tal van voordeelkaarten voor het openbaar vervoer voor toeristen. Zo is er bijvoorbeeld een dagkaart voor ongeveer L 15.000 waarmee u gratis kunt varen naar de eilanden Murano, Burano en Tor-

Tip

Een *gondeltocht* van drie kwartier kost evenveel als een diner voor twee in een goed restaurant. Vindt u dat te dol, maar wilt u toch graag iets van het gondelvaren ervaren, kies dan voor de traghetto. Dat kost niet meer dan een kinderijsje bij een ijscokar. *Traghetto's* zijn gondels die fungeren als pontjes. Er varen er zeven op het Canal Grande. Het is zeker een belevenis om hiermee het drukste en breedste kanaal over te steken.

cello, of een kaart voor drie dagen voor rond de L 23.000. Ze zijn te koop bij de kaartverkoop van de ferryboten en de vaporetti, bij de toeristeninformatie en de grotere hotels.

Winkelen en souvenirs

De stad kent een breed spectrum van winkels. U vindt er de prachtigste haute-couturezaken en kunstgaleries, maar ook een grote hoeveelheid kitscherige souvenirwinkels. Enorme tegenstellingen bestaan op dit gebied, omdat in Venetië al snel duidelijk wordt dat veel allochtone inwoners niet alleen veel tijd en kosten besteden aan kleding, kapper, accessoires en inrichting van huizen, maar bovendien over een goede smaak beschikken. Daarom kunnen diverse Venetiaanse winkels op het gebied van kleding, meubels, decoratie en servies wedijveren met wat Florence en Rome bieden. Wel zijn een groot aantal merkartikelen hier vaak iets prijziger dan in andere Italiaanse steden, maar daar wegen de vele bijzondere unieke exemplaren weer tegen op.
De duurste winkels, waaronder veel van grote mer-

Tip

Venetië was en is een belangrijk kruispunt van reisroutes. Beroemde middelen van vervoer uit de tijd van de *grand tours*, van rond de laatste eeuwwisseling, stoppen er nog steeds, zoals de bekende Oriënt-Express-trein. Verder meren er vele kleine en grotere veerboten aan. Sommige onderhouden eeuwenoude lijndiensten volgens nog veel oudere zeeroutes.

Diverse lijndiensten voeren vanuit Venetië naar andere Italiaanse havenplaatsen, maar ook naar Dubrovnik, in het voormalig Joegoslavië, of naar Kreta of het Griekse vasteland en verder naar het oosten. De bijbehorende schepen zijn doorgaans niet zo groot als de ferryschepen die naar Engeland en Zweden varen. Vaak zijn ze veel kleiner, maar bieden toch allerlei faciliteiten, zoals een zwembad en uitgebreide buffetten, zodat ze iets van de allure van een cruise krijgen. Ook diverse echte cruiseboten meren aan in Venetië, vaak dicht bij het San Marcoplein.

Sommige daarvan volgen eveneens eeuwenoude routes door de oostelijke Middellandse Zee langs bijvoorbeeld Iraklion, Piraeus, Alexandrië en Haifa, zoals de rederij Festival Cruises. Deze passagiert tijdens sommige tochten ook in Cyprus, Eilat en Sicilië.

Ook is het mogelijk om met dezelfde reder naar het oostelijk deel van de Middellandse Zee te varen, via het dichtbijgelegen Genua, via Tanger naar de Canarische Eilanden en Madeira.

Rederij P&O vaart vanuit Venetië in zuidelijke richting via Piraeus, Izmir en Gythion in Griekenland naar Sidi Bou Said in Tunesië.

Een alternatieve route naar deze Afrikaanse plaats voert via Corfu, Antalya en Haifa.

ken, zijn te vinden rondom Piazza San Marco. Maar daarnaast vindt u hier eveneens veel zaken die voor bepaalde artikelen tien tot honderd procent meer vragen dan winkels in eenvoudiger winkelbuurten. Een goede, maar goedkopere winkelstraat is de Mercerie, die van de klokkentoren op Piazza San Marco naar de Rialto loopt. De moeite waard is ook de omgeving van de Rialto en de eenvoudiger Strada Nuova die naar het station leidt. Trendy en alternatieve artistieke winkels met kunstvoorwerpen, meubels, kleding en keukengerei vindt u op de route tussen Santi Giovanni e Paolo en de Rialtobrug en de omgeving van La Fenice.

Interessant om hier te kopen zijn in principe alle producten die in Italië worden vervaardigd, zoals veel schoenen, lederwaren, kleding en decoratieve artikelen. De aandacht verdienen vooral in Venetië zelf ontworpen kledingstukken van zijde met kant of borduursels.

Originele souvenirs zijn carnavalsmaskers van papier-maché. Hetzelfde geldt voor de kanten kleedjes uit Burano. Verder kent vrijwel geen stad zo'n ruime keus aan kunstnijverheidsartikelen, want het percentage kunstenaars is zeer hoog in deze stad. Verder zijn oude prenten en ansichtkaarten een goede aankoop. Ze zijn verhoudingsgewijs nog niet duur.

Venetië heeft daarnaast een zekere naam opgebouwd dat het een eldorado is voor liefhebbers van antiek en kristal. Daar maken diverse handige lieden gebruik van. In veel antiekzaken staan echt en namaak zij aan zij. Alleen de echte kenners zien het verschil. De prijs is vaak hetzelfde. Om diezelfde reden is het niet verstandig om glaswerk of kristal uit Murano in Venetië zelf te kopen. Ook in de winkels van sommige van die glasblazers zelf is het verstandig op uw hoede te zijn. Er is veel belangstelling voor hun werk. Velen zijn het erover eens dat glasblazers en bewerkers van Murano de mooiste spiegels, glazen en kroonluchters vervaardigen van de wereld.

Register

Murano
Celebration to
French Perfume and Venetian Art

TROUWEN IN VENETIE
FESTIVITY' SERVICE
Festivity' Service biedt diegenen die niet in Venetië wonen de mogelijkheid om de mooiste dag van hun leven te beleven in deze magische en betoverende stad. De huwelijksceremonie kan plaatsvinden op het stadhuis of een kerk naar keuze, maar ook in de bijzondere andere lokaties waarover Festivity' Service kan beschikken, die eveneens zeer geschikt zijn voor het banket, zoals mooie Venetiaanse villa's, palazzo's aan het Canal Grande, zalen en salon's in andere historische panden en jachten. Festivity' Service zorgt ook voor de bekendmakingen, de bloemversieringen, de foto- of videoreportage en helpt u ook bij de keuze van de gondels, de huwelijkskleding en de hotelaccomodatie voor uzelf en familie en vrienden. Festivity' Service verzorgt een exclusieve en volledige service, zodat uw huwelijksdag werkelijk een onvergetelijke dag en een feestelijk en geslaagd evenement wordt.
Via Pastrengo 2/A, 30174 VENEZIA-MESTRE
telefoon & fax 041/970088